中央線怪談

吉田悠軌

竹書房
怪談
文庫

まえがき

怪談とは、個人史でもあれば、郷土史でもあります。

①「今生きている人に取材した、どこまでも個人的な怪異体験談」の場合もあれば、

②「その土地にずっと隠されていた、未解決の過去から発生する怪異譚」の場合もある。

もちろん①②は100：0の関係ではなく、各怪談によって配分が異なりますが、②の要素を強めたのが「ご当地怪談」。都市や都道府県など各地域の怪談を集める、最近人気のジャンルですね。ちなみに私も『新宿怪談』という本を出しています。

そのまえがきで私はこう指摘しました。新宿には猥雑な繁華街や高級住宅街など多様なエリアが混在しつつも、全て「新宿」という街にぎゅっと凝縮された独特の統一感がある。他の都市にもそれぞれの統一感があるはずで、それが人格ならぬ「地格」なのだ、と。

では、こうしたご当地性を「鉄道沿線」に当てはめてみたら、どうなるのでしょう？

各駅の街は独立で機能しており、それぞれ遠くに位置している。都市や地域としてまとまっている訳ではない。でもそれらは一本の路線で結ばれている。表面のご当地性はバラバラだが、どこか「A線のノリ、B線の性格」という共通点がある。こうした緩い連帯は、一つのエリアに多文化が凝縮・統一されている地域性と、似ているようで正反対のあり様です。

私は「中央線の民」です。高尾で生まれ育ち、塾や遊びは八王子か立川、武蔵小金井の高校

に通い、高円寺と阿佐ヶ谷に数年、新宿は十年以上在住。今も沿線に住んでいます。

だから分かります。東京駅と高尾駅ほど正反対な街はなく、八王子・立川はお互いをライバル視し、高円寺の貧乏若者と国立のセレブ夫婦では話が合いません。しかしやはり皆、どこかで自分たちが「中央線の民」との矜持を持っている気がします。日本全国の各路線も同じでしょうが、これは郷土愛とはまた違う意識です。既にある街（都道府県）の地域性に個々人が馴染むのではなく、各駅に住む人々が個を保ちながら緩く連帯していく。

鉄道開通によって新しい街が興り、現在でも各路線に沿った再開発計画をたてる――近代以降の日本は、そうした街づくりをしてきました。「今ここで自分たちが街と文化を創っているのだ！」というアクティブ感が、鉄道沿線に住む個々人の心にあるのではないか。

となると鉄道沿線怪談は、各地域のご当地怪談と比べ、個人史・郷土史のブレンド具合が一味違うものになりそうです。実際、私が今回チャレンジした『中央線怪談』では、各駅に住む人々の個性と、各駅の土地の個性がうまく混在してくれたと自負しています。

またなるべく地名を細かく明記し、各駅ごとの特色が出るような体験談を選びました。それでいて通読してみれば、全体として「中央線らしい」空気感もまた滲んでいるかと。

中央線沿線の怪談はまだ沢山ありますが、別路線の実話怪談集を編んで、その違いを知るのも楽しそうです。まあそれは私でなく、他の著者がする仕事かもしれませんが……。

中央線怪談　目次

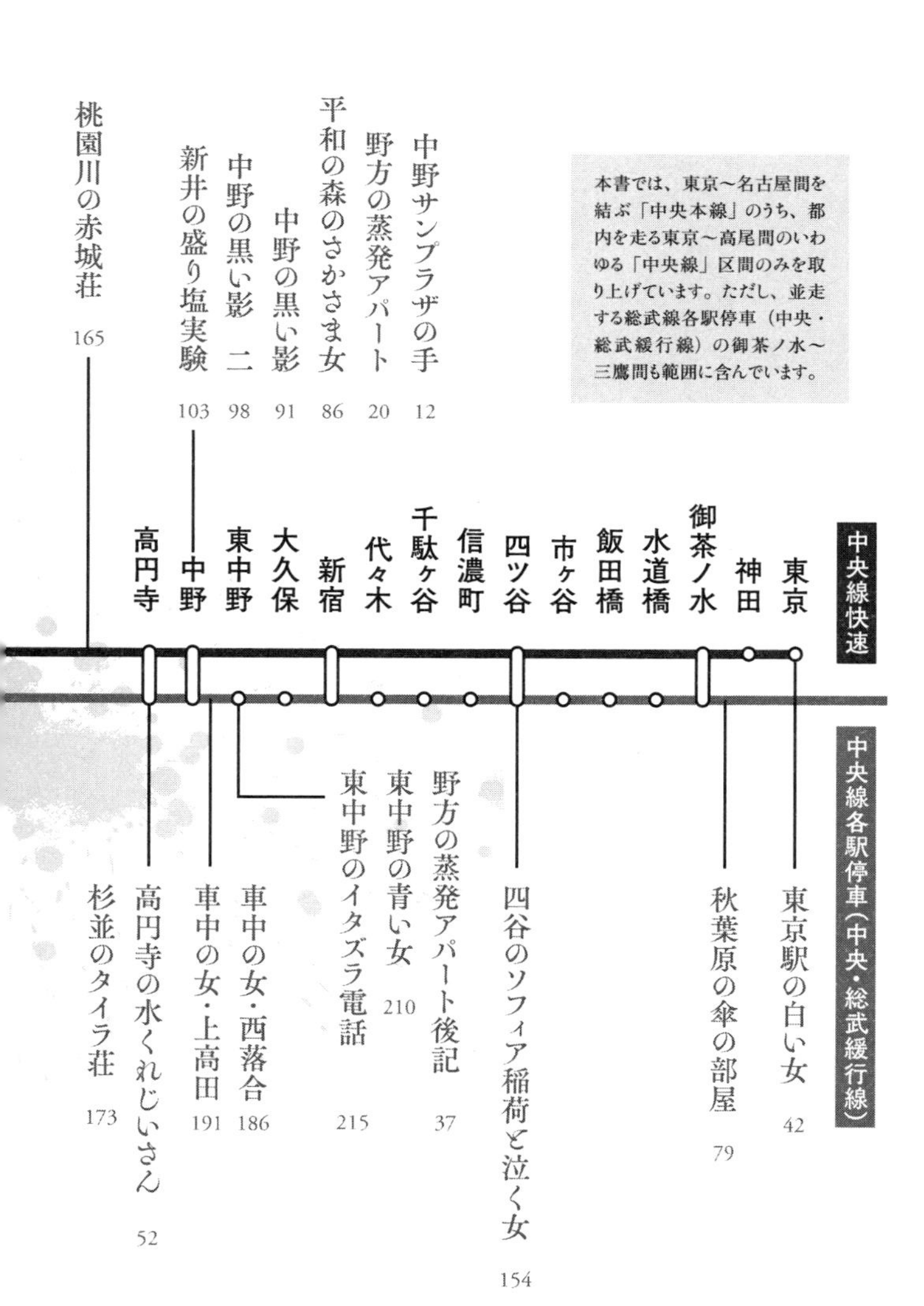
中野サンプラザの手 12
野方の蒸発アパート 20
平和の森のさかさま女 86
中野の黒い影 91
中野の黒い影 二 98
新井の盛り塩実験 103
桃園川の赤城荘 165
本書では、東京〜名古屋間を結ぶ「中央本線」のうち、都内を走る東京〜高尾間のいわゆる「中央線」区間のみを取り上げています。ただし、並走する総武線各駅停車（中央・総武緩行線）の御茶ノ水〜三鷹間も範囲に含んでいます。
中央線快速
中央線各駅停車（中央・総武緩行線）
東京
神田
御茶ノ水
水道橋
飯田橋
市ヶ谷
四ツ谷
信濃町
千駄ヶ谷
代々木
新宿
大久保
東中野
中野
高円寺
東京駅の白い女 42
秋葉原の傘の部屋 79
四谷のソフィア稲荷と泣く女 154
野方の蒸発アパート後記 37
東中野の青い女 210
東中野のイタズラ電話 215
車中の女・西落合 186
車中の女・上高田 191
高円寺の水くれじいさん 52
杉並のタイラ荘 173

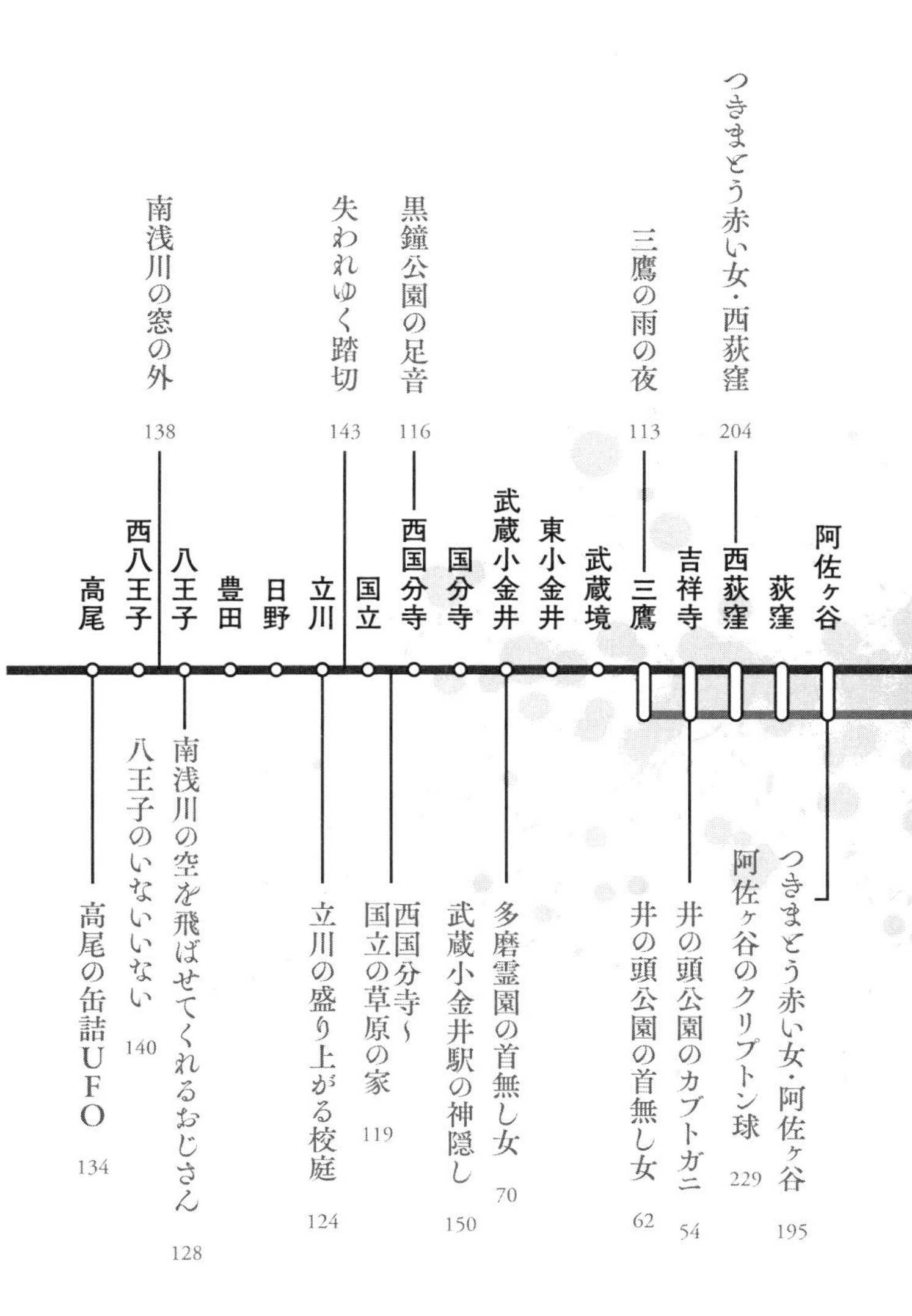
つきまとう赤い女・西荻窪 204
三鷹の雨の夜 113
黒鐘公園の足音 116
失われゆく踏切 143
南浅川の窓の外 138
阿佐ヶ谷
荻窪
西荻窪
吉祥寺
三鷹
武蔵境
東小金井
武蔵小金井
国分寺
西国分寺
国立
立川
日野
豊田
八王子
西八王子
高尾
つきまとう赤い女・阿佐ヶ谷 195
阿佐ヶ谷のクリプトン球 229
井の頭公園のカブトガニ 54
井の頭公園の首無し女 62
多磨霊園の首無し女 70
武蔵小金井駅の神隠し 150
西国分寺〜国立の草原の家 119
立川の盛り上がる校庭 124
南浅川の空を飛ばせてくれるおじさん 128
八王子のいないいない 140
高尾の缶詰UFO 134

中野サンプラザの手

この本が出る頃にはもう解体が始まっているので、実名を出してもよいだろう。

中野(なかの)サンプラザの話である。

同施設は五十年の長きにわたり、中野駅前のシンボルとして親しまれてきたビルだった。

私も何度かコンサートホールに足を運んでいるし、ネットカフェを使ったこともあれば、ビル内のトイレも利用している。……というより懺悔(ざんげ)させてもらえれば、ただトイレを借りるためだけにビルに入ったことも、十回以上はあったかと思う。

久美子さんが中野に住んでいたのは十年ほど前。

彼女もやはり外出時、中野サンプラザのトイレだけを使わせてもらうことがよくあったのだという。

そんな時に向かうのはいつも、一階より下だがＢ一階よりは上の、半地下フロアだ。中野サンプラザの表記では「ＭＢＦ」となっている。

あのビルの一階正面入口の階段広場はやや高くなっているので、半地下といってもグランドレベルは周囲の道路とほぼ同じ。ビル脇の外階段を下りてすぐに行けるため、一階の最奥部にあるトイレとアクセスのしやすさは変わらない。そして肝心なこととして、一階に比べてこちらの方がすいている確率が高い。

外階段からMBFに入ると、左手にボーリング場とネットカフェが見え、トイレはその右手奥。おそらく荷物などの搬入口へ続くだろう通路の途中にあり、手前から男性トイレ・女性トイレの順に並んでいる。

地下トイレなので明かり取りの窓もなく、いつも薄暗い印象だった。女性用トイレの個室は四つあり、通路を挟んで二つずつ向かい合わせに並んでいるのだという。

その日、久美子さんが入った時には、手前左側の個室が使用中だった。

久美子さんはなんとなく、そこから最も離れた右側奥の個室に入り、用を足していたのだが。

いあああああっ！

突然、斜め前からタガの外れた女の叫び声が轟いた。続いて、個室の錠が乱暴にスライドされる音、戸が叩きつけられるように開く音が聞こえてくる。明らかに、向かい側を使用していた人が飛び出してきた様子である。

その間も「ああああ！　いや、いや！」という女性の悲鳴が途切れることはなかった。

「どうした！」

するとトイレの出口あたりから女性の連れらしき男性の声が響いた。

「手が！　手が！」

女性は彼に向かって、必死にそう伝えている。

「大丈夫か⁉　ずっとここにいたけど、誰も通らなかったぞ⁉」

男性も慌てているが、なんとかパートナーを宥めているようだ。しかし女性は震えきった声を絞り出すようにして、

「て、手が！　手が出てきて……！　手が出てきて、こっちに……！」

その後はもう「怖い怖い」とだけ呟きながら、声が遠くなっていった。おそらく男性に付き添われ、ビルの外へと連れていかれたのだろう。

そんな状況で一人、個室にとり残されてしまった久美子さん。気づけばびっしょりと冷や汗が流れ、全身がこわばって動けない。

急いで外に出なきゃ……でも出たところに誰かいたらどうしよう……。

パニックに近い思念がぐるぐると渦巻く。もう便座から立つことすら勇気がいるのだが。

……いやでも……このままここにいたら、私のところにも「手」が……！

そこでなんとか個室の戸を開けてみると。

トイレ内には誰の姿もなかった。あたりを見渡したが、いつもの静かで薄暗い空間が広がっているばかり。急いで洗った手を拭きもせず、そのままＭＢＦフロアへと飛び出したのである。

「あれはなんだったんだろう……と、今でも中野に行くたび思い出すんですよ」

当時、トイレのドアにバッグをかけておくと、泥棒が戸の上から手を伸ばし盗んでしまうという犯罪が流行っていた。

いちおうはその可能性も疑ってみたが、連れの男性によれば外から出入りした人物はいない。また直後のトイレ内については自分がまじまじと確認したのだから、個室や片隅に犯人が隠れているはずがない。

そもそも、である。あの女性は断片的にしか漏らしていなかったが、いったい「手」はどこから、どのように出てきたのか？

戸の上から？　下から？　もしかして便器の奥から？　そして「手」は女性になにをしようとしていたのだろうか？

「中野には今でもよく行くのですが、あのトイレだけは怖くて、それから一度も入っていません……」

もう一人、久美子さんとほぼ同い歳でやはり中野区在住の、逸子さん（P191「車中の女・上高田」の体験者）のエピソードも興味深い。

「中野サンプラザの裏側の細い道、分かりますかね？　早稲田通りへと抜けていく、一方通行の道路」

――私、その道で何度も、自分の足を掴まれたんですよ。

これまた十年ほど前のこと。

地元民である逸子さんは、社会人になってから中野区役所に用事ができることが多くなった。そのため、件（くだん）の細道をたびたび通過するようになったのだが。

「なんというか……まずは、つまずく感じがあったんですね」

突然、謎の感触とともに足の動きが阻（はば）まれ、体が前につんのめった。

おっとっと、と体勢をたてなおしそのまま中野サンプラザの裏まで歩いていく途中。

……あれ、私、今なんで転びそうになったんだ？

時間差で疑問が湧きあがってきた。

その歩道は、脇に小さな植え込みがあるだけで、つまずくような段差も障害物も見当たらない。

不審に思った逸子さんは、なにか落ちているものでもあるのかと、今来た道を引き返してみた。今度はじっくり地面を見つめながら、緩やかに歩を進めていったのに。

ガクン、と体がつんのめって、転びそうになった。

そこで自覚した。

この道には、つまずくような段差も障害物もない。ということはつまり、自分は見えないなにかに足首を掴まれたのではないか、と。

気味が悪くなった逸子さんは、別の道路から区役所へ向かった。

それからしばらく経って、以前の出来事を忘れた逸子さんが問題の道を通ったところ。

ガクン。また足首がなにかに掴まれ、転びそうになった。

「もう、なんなの！」

今度は怒りに任せて引き返してみると、やはり同じポイントで見えないものに足首を掴まれ、けんけん遊びをするように片足でバランスをとる羽目になった。

そこでまた、二度目の自覚が芽生える。

前回も今回も、往復するたびなにかに足首を掴まれた。またそれは往路が左足、復路が右足と違う方の足、つまり植え込み側の足を掴まれたということになる。

……ここには確実に、なにかがある。

それから十年近く、この細道を避けるようにしていたのだが。

つい最近のことである。子どもが生まれ、幼稚園——私・吉田の子どもと同じ園である——に通わせるようになった逸子さん。チャイルドシート付きの電動自転車で中野を行き来することが増えた。その日は子ども抜きで自転車を漕いでおり、たまたま無自覚に、例の細道を十年ぶりに通過しようとしていたところ。

「久しぶりに、足首を掴まれたんです。自転車で走っていたので、以前よりスルッと抜けるような感じで。そこで『あっ！』と思い出したんですね。『これは十年前のアレだ！』と」

そこで同じ幼稚園に通う子どもの父親、かつ怪談を集めているという変わった人種の私に、この体験談が伝わってきたのである。

話を聞いた私がまず想起したのは、「すねこすり」の話である。道を歩いていると足元をなにものかにこすられる。それは犬に似たような姿かたちまたは感触を思わせるのだという。「そういえば」と私は逸子さんに主張した。

「中野サンプラザのあたりって、徳川綱吉の時代には大きな犬屋敷がありましたよね？」

生類憐み（しょうるいあわれ）の令によって保護された犬を、大規模な囲いで保護していたのが、現在の中野駅北口一帯および南口側の一部だった。逸子さんの体験がその「犬の記憶」によるものだったとすれば、やけに辻褄（つじつま）が合うのだが。

「いや、犬では絶対に無いです」

一瞬できっぱりと否定されてしまった。

「私は犬も猫も飼っているので分かります。むしろ似ているのは猫です。猫がすり寄ってくる感じに近くはあるけど……でもやっぱりいちばん正確に喩（たと）えるなら」

手です、と逸子さんは言った。

人の手が、こちらを掴もうとして掴めなかった感じ。掴んだものの力が足りず、スルリと抜けてしまった感じ。

植え込みの方から伸びてきて、自分の足首を掴んだものに、彼女はそのような印象を抱いたのだという。その「手」には意味も意図も悪意も感じないし、そもそも自分に危害をくわえるほどの力すら無さそうなのだが。

「とにかく、もう二度とこの道を通るのやめようって、今は思っています」

この点については、久美子さんも逸子さんも同じ感想なのである。

中野サンプラザの周囲で起こる「手」にまつわるエピソード。

あのビルが解体された時、これら体験談にまつわるなんらかの「答え合わせ」が、地下から掘り起こされるのではないか。私は密かに、そう夢想している。

中野駅

野方の蒸発アパート

東京都中野区、いわゆる野方(のがた)エリアと呼ばれるところの、駅から徒歩五分という好立地。

間取りはワンルーム、一階なのは不安だけど、二〇一九年の新築でオートロックなら大丈夫か。

家賃は……六万円！　しかも礼金ゼロ・敷金ゼロ・仲介手数料もゼロ……!?

……どうしてこんなに安いんだろう。

いやいや、そんなこと詮索している余裕はない。この条件で家賃六万円というだけでも即決していいんじゃないか。

なぜなら今すぐ同棲中の彼氏から逃げなきゃいけないから。どんどん相手のＤＶがひどくなってきて、もう何回も警察沙汰になってしまっていて。

この前の一件ではついに担当の警察官さんから「今すぐ引っ越さないと、さすがに危ない」と警告されちゃったし。でもそう言われたって、数十万円はする敷金礼金仲介手数料なんていきなり払えない。

そこで見つけたのがこの物件だよ。

家賃よりもなによりも初期費用の安さが、今の自分にとっていちばんの魅力だ。貯金が心細い中、そこは本当に譲れない。

もちろん保険料に二万円はかかる。保証料も保証会社に賃料の半額三万円を払わなくてはいけない。鍵交換代一万円とクリーニング代二万円もかかってしまう。

それでも最初に払うのは八万円で収まる。

これはもう、ここに決めちゃうしかないでしょ……。


真子さんは、とにかく急いでいたのだという。

不動産サイトでの発見直後、内見すらせずにそのアパートの契約を済ませてしまったというから相当だ。とはいえ暴力男の前から姿をくらますためには仕方ない行動だった。

だから真子さんがその部屋の中を初めて見たのは、引っ越しの当日。業者とともに自分の荷物を運び入れる時だったのだが。

玄関ドアを開けてみて、真子さんも引っ越し業者も、驚きに目を見張った。

その空間は、がらんどうのワンルームではなかった。人が生活して住んでいる部屋がそのまま目の前にあった。

机も椅子も、ベッドも冷蔵庫も洗濯機も、食器も調理器具も、洋服の入った衣装ケースも、先住者の家財道具一式が丸ごと残されていたのである。

「ちょっとこれ、こっちの家具なんて入りませんよ」

なんとか頼み込んで、残置物を全て外に出してもらう。それらは最終的に、業者が無料で引き取ってくれた。まあ冷蔵庫や洗濯機については、向こうも回収するメリットがあるのかもしれないが。

しかしクリーニング代を払っておいてのこの事態は、明らかに管理会社側の契約違反ではないか。私がそう指摘すると真子さんは、

「いやあ……後から分かったんですけど、そのアパートを運営している会社、けっこう評判悪いところなんですよねえ……」

同社は都内のあちこちで格安賃貸物件を展開しているのだが、インターネットで調べると幾つもの悪評が目につく。過去にはそうとう無茶なこともしていたようだ。

クリーニングのみならず、料金を払ったはずの鍵交換もしていないと真子さんは睨(にら)んでいる。その程度の詐欺行為は当たり前のように行っているらしい。

しかし家財道具一式がそのままというほど異様な事例は、いくらネットを探しても見当たらなかった。昨日まで住んでいた人間が、いきなり夜逃げしてしまったのだろうか。そして管理会社はなに一つ片づけなかったのだろうか。

「家具が無くなった後で気づいたんですけど、賃貸契約書とか通販サイトの案内とか、個人情報の入った大事な書類も、普通にポンッて台所に置かれていたんですよね」

それらを読んでみると、先住者は自分と同い年、三十歳手前の女性だった。確か「詩織」といった漢字二文字の名前だったと記憶している。

また移転手続きもとっていないようで、区役所からの郵便物が大量にポストに溢れていた。ハガキを裏返してみれば、「○○詩織さんはまだこちらにお住まいですか？」と消息を確認するものもある。となると突然死したためにこの部屋が空いた、という訳でもなさそうだ。

いや、死亡届が出ていないだけで、実際にはもうどこか遠くで死んでいる可能性もあるけれど……。

真子さんはため息をつき、引っ越し直後の部屋を見渡した。

姿見の鏡が、なぜか移動できないよう柱に括りつけられている。

窓は二つ。小さな方の窓はすぐ向こうが隣接するマンションなので日当たりが悪い。

それは仕方ないとして、反対側の大きな窓は通りに面しているから普通に光が入るはずだ。それなのに、射し込む陽射しがやけに薄暗い。

……あ、これは失敗したかな……。

本能がそう伝えてきた。そして、その予感は正しかった。

引っ越してすぐの夜。ベッドの上で目覚めると、天井に人型の影が映っていた。目鼻立ちも分からない、真っ黒いシルエットだ。

えっ、と驚いて目を凝らしたりこすったりしたが、錯覚ではないようで、ずっと消えずに残っている。

窓から街灯の光が入り、通行人の姿を投影しているのかとも思った。が、それはありえないとすぐに考えなおす。

大通り沿いの窓は、自分の手で段ボールを貼りつけた上に、遮光の黒いカーテンまでひいているのだ。

一階のため人目につきたくないし、防音のためもある。どうせ日当たりは悪いので塞いでしまうことに抵抗はなかった。

なので窓から外の明かりが入ってくるはずはない。影は光の加減などではなく、この天井にべったりと張り付いているなにかなのだ。

幸いなことに、人影はそれ以上、動いたり近づいてきたりといった変化は見せてこなかった。ただ自分をじっと見つめる気配だけは、ありありと伝わってくる。

……嫌だ嫌だなんなのよこれ……。

必死に目をつむって無視するうち、どうにか眠りにつけたようだ。

翌朝、どんよりとした寝覚めでベッドから起き上がる。

「もう、最悪……」

それでも仕事に向かわなければならない。頭を覚醒させようとシャワールームに入って体を流していると。

パン！　パンパンパン！

なにかが破裂するような甲高い音が室内に響いた。驚いてあたりを見回すが原因は不明。ひっきりなしという程ではないが、完全に止むこともなく散発的に鳴り響いている。

結論から言うと、シャワールームの異音はその日以降もずっと続いた。

「本当に、シャワー浴びるたびに必ず聞こえるので、カメラを仕掛けて証拠映像でも撮ろうかと思ったほどでした」

そんな中、飲み会の後で女友だちを泊まらせる機会があった。するとその子は部屋に入るなり、こう漏らしたのである。

「……この家、気持ち悪くない？」

ともかく自分がコンビニに買い出しに行っている間、シャワーを浴びてもらうことにした。そして帰ってきたところで驚いた。友人が、部屋の真ん中で濡れっぱなしの体を晒していたからだ。浴室があまりにも気味悪く、早々に飛び出してきたのだという。

「シャワー浴びてたら、変な音するし、人が通り過ぎる気配が何回もするんだよ」

そして青ざめた顔で忠告してきた。

「ここ、ちょっとやばいから調べてみたほうがいいよ……」

友人のアドバイスに従うキッカケとなった出来事が、もう一つあった。

仕事から帰ってきた夜中、アパート前に不審な人影が立っているのを見つけた。郵便ポストはエントランスの外、道路に面したところに設置されている。それを見知らぬ女が、しゃがみながら覗き込んでいるのだ。

縦に並んだうち最も下のポスト、自分の101号室である。

一瞬、先住者の「詩織」が来たのかとも思った。引っ越し後にもたびたび、彼女宛ての郵便物が届いていたからだ。

「でも、すぐに違うと分かりました」

女はしゃがんだまま、無理やりポストの戸を開けようとした。鍵がかかっているので、ガチャガチャと鳴るだけで戸は開かない。しかし女はふたたび隙間を覗いた後、また乱暴にガチャガチャ、ガチャガチャ、と無駄な試みを繰り返す。

「ポストの鍵は回転キーなんですけど。いいかげんなアパートなのでずっと交換せずに使われているんです。つまり前に住んでた人なら解錠番号を知っているはずなのに」

「詩織」でないのはいいとしても、それはそれで、女の素性も目的も不明という怖さがある。とにかく関わり合いになってはまずいと、ひたすら無視して女のすぐ後ろをすり抜け、そのままオートロックを解錠しアパート内に逃げ込んだ。

　急いで玄関の鍵を開けてドアノブに手をかける。

「そこで『あ、ヤバい失敗した』と気づきました」

自分の部屋は入ってすぐの１０１号室。エントランス入り口はガラス張りなので、外からしっかり覗けてしまうではないか。

　扉を開けて部屋に入る直前、ちらりと背後に目を向ける。

先ほどの女が、入り口のガラスに張り付くようにして、こちらを見つめて立っていた。

「さすがにこれはまずいと思って、１０１号室のインターホンの録画を調べてみたんです」

「詩織」時代の録画が残されていたのは、引っ越し当初から気づいていた。これまた管理会社としてあるまじき杜撰（ずさん）さだが、もはや驚くレベルではない。

　録画が保存されるのは留守中に人が訪ねてきて、誰も応対しなかった時である。だから基本的には不在時の宅配便業者ばかりが映っていたのだが。

「五回ほど、ヤンチャそうな男たちが三人、訪ねてきてたんです」

男三人はいつも同じメンバーで、いつも似たような恰好をしていた。不良者ではあるだろうが、ヤクザほどの貫禄はない。水商売のようにも見えるが、顔は不細工だし服もかなり安っぽいので、ホストでもないだろう。

「分かりやすくイメージしてもらうなら、板橋区の不良。板橋の不良ってどこまでも中途半端な奴らが多いじゃないですか。そいつらが最近になって歌舞伎町で働きだした、みたいな感じです」

あまり分かりやすいイメージではないが、要するに借金取りの類に見えたようだ。

考えてみればインターホン録画は本当の不在時だけでなく、わざと対応しなかった居留守の時にも作動する。

「詩織」は借金を抱えて夜逃げしたのだろうか。

しかしそれにしたって、ずっと監視されている訳でもないのだから、スムーズに引っ越してしまえば済む話ではないだろうか。

自分だってつい最近の夜逃げ経験者なのだから、そこは言わせてもらう権利がある。いや、同棲している彼氏の目をかいくぐったのだから、こちらの方がよほど難易度が高い。

それでも真っ当な手続きをとって引っ越しできたのだ。そうしなかった理由を考えるとしたら、「そもそも詩織は夜逃げしていない」ということになってしまうだろうか。

つまり自分の意志ではなく無理やりここから引き離された、というような……。

はたしてこの部屋の不気味さの原因は「人なのか霊なのか」、真子さんにも分からなくなってきた。

「とにかく自分に出来る手段として、盛り塩を置くようにしたんです。ちゃんとした粗塩を、部屋の四隅に供えておいて」

しかしこのあたりから、部屋周辺の怪現象がさらに強度を増していった。

「例えばアパートのすぐ裏で、包丁を振り回している男と出くわしちゃったり」

真子さんがコンビニへ行こうとアパートを出て、裏手のマンションを曲がったところ。

道端で壮年男性が、無言のまま右腕をぶんぶんと振り回していた。

よく見ればその手の先には、大きめの包丁が握られている。

周りには数名の通行人がいたが、誰一人として男を見向きもしなかった。男は叫びもせずに黙っており、街灯の少ない暗い道だったので、通行人たちはこの奇行に気づかなかったのだろう。

「ヤバい！　と思って、コンビニ行かずにまっすぐ引き返しましたけど」

あるいは郵便ポストの女と同じように、包丁男は真子さんの部屋を狙って来た人物だったとも考えられる。より正確に言えば「詩織」の101号室を目指してやって来たのかもしれない、とも。

この推測には理由がある。その頃から、アパートと裏手マンションとの間の細い路地に、毎日大量のタバコの吸い殻が見つかるようになったのだ。人一人が通れるかどうかの細い空間に、一日も欠かさず、二十本もの紙巻タバコの吸い殻が捨てられている。

「それも私の部屋の小さな窓の、すぐ下なんです。片づけても片づけても、翌朝にはまた一箱分のシケモクが置かれてるんです」

まるで誰かが一晩中、タバコを吸いながら、その小さな窓のすぐそばで張り込んでいるような……。

ただし、より酷かったのは小窓の反対側、通りに面した大きな窓の方だった。

夜中に寝ていると、その窓ガラスがコツコツと叩かれる。

何者かがインターホンも鳴らさず、玄関ドアをノックするかのようにコツコツ、コツコツ……。いくら無視しようと止むことなく、まるでこちらが窓から部屋へと招き入れるのを待っているかのようにコツコツ、コツコツ……。

この深夜の訪問は、数日に一度の割合でやってきた。

「もちろん一階なので、生きた人間がノックするのも不可能ではないですよ」

やはりここでも犯人は「人なのか霊なのか」問題が生じる。しかし中野区の大通り沿いなのだから、夜中でも人通りはあるし、車両は途切れることなく走り続けている。はたしてそんな不審行動を長時間続けることが可能なのかどうか。

「もし変質者だったとしたら効果あるかなと思って、三島由紀夫のポスターを窓に貼り付けてみました」

日の丸の鉢巻を締めて上半身は素っ裸、筋骨隆々の三島由紀夫が日本刀を構えている。篠山紀信が撮影した、あの有名な写真の特大ポスターだ。それを段ボールと窓との隙間に貼って外に見せつけ、「刺激してはいけない住民」だと認識させてやろうと考えたのだ。しかし努力も空しく深夜のノックは止む気配を見せず、ついに十回を超えてしまう。

コツコツ、コツコツ……。

いったい誰がこんな真似をしているのか。もちろん窓を開ける気は一ミリも無いが、ぐるぐると想像ばかりが巡ってしまう。

あのポスト覗き女？　無言で包丁ぶん回し男？　毎日タバコを捨てている誰か？　三人組の借金取り？

それとも……私が逃げ出した元彼？

まさか、あいつが？　でも絶対にこの家がバレないよう、友人にも誰にも新居の住所は教えていない。ＳＮＳも鍵アカのＲＯＭ専だから家が特定されるはずない。勤め先の会社はさすがに新住所を伝えているけど、そこから情報が洩れるなんて……ありえるの？

不安が極限に達した真子さんは、もはや耐えきれないと野方警察署へ相談した。

警察から管理会社をせっつかせ、アパート入り口に設置してある監視カメラの映像を提供させたのだ。

これで犯人が特定できる。もし映像に元彼が映っていたら……めちゃくちゃ怖いけど、それならそれで警察に動いてもらえるはずだし……それ以外の人間だったらもうここには「詩織」がいないのだと警察から伝えてもらえれば……。

これまで続いてきた全ての不審な現象が、これで解決するはずだ。そう期待したのだが。

「カメラには、なにも映っていませんでした」

管理会社も警察も監視カメラを確認した。もう十回以上も続いた訪問の全日時をチェックしてもらった。しかしどの映像にも、窓のそばはおろかアパート周辺にわたって、人影一つとして捉えられていなかったのだ。

そんなはずはない、何度も何度も、絶対に窓がノックされている。そう真子さんも強硬に主張したのだが、

「これでは被害届を受理することは出来ませんね」

警察は申し訳なさそうに、しかし断固とした口調で、そう言い渡してきた。

ああそうなの、生きた人間じゃないの……。じゃあもうこうなったら盛り塩にめちゃくちゃ頼るしかないよね。

真子さんは盛り塩を部屋の四隅だけでなく玄関にも置き、「マンガご飯みたいな大盛り」に増やした。さらに毎日、自分の体にも塩を振りかけて清めるほど徹底したのだが。

ある朝起きると、それら盛り塩がぱっくりと真ん中から割れていた。まるで誰かが手刀で斬ったかのように一直線に分断され、塩の山は左右にだらしなく崩れてしまっていた。

「それを見て、もうダメだと諦めました」

すぐに次の物件を探して、管理会社に引っ越す旨を連絡した。結局、そのアパートに住んだのは三ヶ月にも満たなかった。

退去手続きのため、管理会社の本社事務所に出向く。自分という客が来たにもかかわらず、柄の悪いおやじ社員が、若手社員をさんざん口汚く大声で怒鳴(どな)り続けているのに驚いた。しかし担当者はそんな社内風景をいっさい気にする様子もなく、

「どうしました？　こんなに早く退去ってなんかありました？」

フランクに質問してくるので、先住者の家具家電が置きっぱなしだったこと、色々と不

安な出来事ばかりが続いたことを伝える。

「ああ~はいはい」と相手は気軽に答えて、

「その人は一年間ほど住んでましたね。ただ突然いなくなって、いっさい連絡も取れなくなってしまったので、強制退去というかたちを取らせてもらって、そこから募集を開始しましたっていう流れで」

それが一年半以上前というから、思っていたより直近のことではない。

「まあぶっちゃけ、ずっと入居者が決まらなくてですね。仕方なく家賃も初期費用も下げて募集したんです」

そこに自分がひっかかったという訳だ。まあ内見すらせずに引っ越しを決めるほど切羽詰まった人間は、自分の他にはそうそういないだろう。

担当者はそれ以上の情報は教えてくれなかったので、詳細は判明していないに等しい。いや、管理会社の方も大して知らないし、そもそも先住者の行方など気にしてすらいないのだろう。「詩織」がどこの誰で、なぜ突如としてあのアパートの101号室から消えてしまったのか。それは誰にも分からないのだ。

次の引っ越し先も、件のアパートからそれほど遠いところではなかった。やや高円寺に寄ったものの、同じ野方エリアと呼ばれる場所だ。

「なんだかんだ野方は好きなので、離れたくないんです」

ただし部屋は二階を選んだ。もう一階に住むのはこりごりだ。なにかが起こった時、それが「人なのか霊なのか」悩むのは非常にストレスがかかる。

今住んでいる部屋には、そういった意味での悩みは無い。

「いや、今でもたまに、窓がノックされることはありますよ」

コツコツ、コツコツ……。やはり夜中に寝ていると、外から窓が叩かれる。

しかしそれは二階の窓である。だとすればもう生きた人間ではありえない。変質者か借金取りか元彼のストーカーか、どこのどいつの仕業なのかと怪しむ必要がない。

今はもうノックの主が誰なのか、おおよそ分かっているつもりだから。

「あのアパートからついてきちゃったんだなあ……って」

そうすっきりと割り切れるだけマシなのだ。

おそらく「詩織」はもう死んでいるのだろう。借金取りに拉致られて殺されたかもしれないし、全く別の事情で自殺したのかもしれない。とにかくその後、あのアパートに戻ってきて。でも代わりに住んでる私に入れてもらえなくて。

コツコツ、コツコツ……。

そのまま淋しくてついてきちゃったんだろうな、と。

コツコツ、コツコツ……。

そう考えれば、たまにやってくる深夜のノックが、どこか控えめで親しげな音にも聞こえてくる。

東中野駅

野方の蒸発アパート後記

この前、真子さんが歌舞伎町のバーで飲んでいた時である。

店内で知り合った男性と、どれだけ「ヤバい」物件に住んでいたかの話で盛り上がった。

もちろん真子さんはつい最近まで住んでいた野方の蒸発アパートを例に出したのだが。

「俺が前に住んでた、新中野のアパートもヤバかったよ！」

他の住人の素行が悪いし、毎晩のように金縛りに遭うし、おかしな音が鳴り響くし、奇妙な黒い影が見えることもしょっちゅうだったという。

ふと気づけば、男性が描写してくる建物の外装は、どうも野方のアパートとよく似通っている。詳細を聞けばやはり、同じ管理会社が扱っている別物件だった。

「そうなんだよ！　あそこの物件、全部変なんだよ！」

男性は色々とリサーチしていたらしく、ここぞとばかりに早口でまくしたててきた。

どうやら件の管理会社は、名目としては別企業だが同グループの土地売買会社をつくっている。そちらでなにか問題が起こって安くなった物件を購入し、管理会社が低価格の家賃をエサに賃貸募集をかける……というやり口をとっているらしい。だから同社で扱っている物件はほぼ全て、なにかしらいわくつきなのだ、と。

「あえて変なものを呼び込もうとしてるんじゃないか、とすら思えるよ。幽霊屋敷みたいなアパートを大量に所有してさあ」

「でも、そんな賃貸物件ばかりだったら、借りた人もすぐ出ていっちゃいますよね？」

「それが狙いなんだよ！　あんまり短期で出ていくと違約金をとるってシステムになってるの。そういう戦略で金儲けようとしてるんじゃないの。自分も長く住めなかった。最後の方は一人じゃいられなくて、毎日誰かに泊まりに来てもらってたなあ」

「でも私、三ヶ月で退去したのに違約金はとられなかったですよ」

「いやいや、それは君の話を聞いてたら納得だよ」

——あの会社が扱っている物件の中でも、そこが各段に「ヤバかった」からでしょう。


そこで真子さんは、ふと知り合いの顔が思い浮かんだ。

前の職場の同僚だった、高田くんという若手社員。まるで自衛官のような、角刈りで体躯が大きく、受け答えも溌剌(はつらつ)とした好青年だ。

半年ほど前、自分が野方の蒸発アパートに住み始めた頃のこと。

「そろそろ引っ越さなきゃいけないんだけど、俺、今ちょうど金欠でさあ……」

「あ、それなら初期費用がすごく安く済む不動産屋があるよ」

ひょんなことから高田くんに、例の会社を紹介したことがあった。そのままとんとん拍子で話が進み、東中野に格安の物件を見つけたのだという。

東中野駅のすぐ近くにもかかわらず、敷金礼金はゼロで、家賃は五万円。

今から考えれば、相当「ヤバい」匂いが漂ってくるような物件だ。

喜び勇んで引っ越した高田くんだったが、引っ越し後ほどなくして、奇妙な相談を持ち掛けてきた。

「あのお、真子さん、ごめん。新しい俺の住所って、誰も知らないよね」

「知らないでしょ！　私だって駅近ってことくらいしか教えてもらってないし」

「いや、俺、職場の誰にもしゃべってないのに、なんか変なんだよね……」

いったいなにがどう変だというのか。しかし高田くんはなぜか、それ以上のことはいっさい語ろうとしなかった。

その後すぐに真子さんが転職してしまったので、後の事情はいっさい不明のままだ。

……高田くん、まだあそこに住んでいるはずだよなあ……。

不安が膨らんできた真子さんは、彼のＬＩＮＥアカウントに近況を窺うメッセージを送ってみた。

しかしいっこうに既読すらつかず、通話を試みても繋がらない。会社のメールアドレスにも送信してみたが、それもいっさい返信無し。

仕方なく、前職のまた別の同僚へと連絡してみたところ。

「高田くんねえ、職場に来るには来てるんだけどさあ……」

声をひそめるような口調で、彼の近況を伝えてきた。

「ここ最近で、すっかり人が変わっちゃったんだよ。仕事中に一人でブツブツしゃべったりしておかしいの。このままじゃもう辞めちゃうんじゃないかって心配してるんだけど」

行動だけでなく見た目すらも様変わりしたのだという。自衛官のような爽やかさはすっかり影をひそめ、髪も伸ばし放題にしているようだし、

「ていうか、顔もぜんぜん違くなってるんだよ」

顔まで違うとはいったいどういうことか、まさか大規模な整形をした訳でもあるまい。そう訊ねると、同僚は「変に聞こえるとは思うんだけど」と前置きした上で、こう呟いたのである。

「あれ、高田くんじゃない気がする……」

真子さんはいまだに高田くんへの連絡を試みているが、いっさいコンタクトはとれてい

ない。

心配は募るばかりだが、同時に、どうにかして彼に会えてしまうのもまた、だんだん怖くなってきているのだという。

高田くんがすっかり高田くんじゃなくなっていたとしたら。

自分はいったいどんな顔をすればいいのか、分からないからだ。

東京駅

東京駅の白い女

東京駅の実話怪談および実体験談を探すのは非常に苦労した。考えてみれば、他の駅と違って東京駅周辺に住む人間などほぼいない。母数が圧倒的に少ないのだから当然だ。

「東京駅近くに住んでいて、なにか変なことありませんでしたか？」

そんな質問がしたければ皇居へでも取材に行かねばならない。せいぜい東京駅構内で働く人々や工事関係者の体験談がチラホラ採取されるくらいである。

広く明るい構内を、旅立ちの高揚感や旅の終わりの疲労で満たされた人々が慌ただしく行き交う。あの駅の空気は、およそ怪談とは無縁なように感じられる。

今回、新しく取材できた唯一の体験談は、私の怪談仲間である、いたこ28号さんの古い思い出だけだった。

二〇〇〇年前後の、十二月三十一日だったという。

大晦日（おおみそか）にもかかわらず、いたこさんは夕方から仕事の打ち合わせが入ってしまった。なんとか飛び出せたのは二十一時前。関西の実家まで帰省するため、大阪行きの新幹線最終便に乗らなくてはいけない。

駅前の広場を駆け抜け、丸の内北口に入る。大晦日の夜ということもあり、駅舎はすっかり閑散としていた。あの有名なドーム型天井の下にいたのは、たった一人だけ。

……えっ？

円形の床のちょうど中心部に、

……なんや、あれ。

ウェディングドレスを着た女性が立っていた。

黒く伸びた長髪が白いドレスとコントラストをなしている。舞台の上でスポットライトを浴びているかのように、そしてもう一人の主役を待っているかのように。

花嫁姿の女は、なんの迷いも見せず、すっくとそこに立っていた。

驚いて立ち止まりそうになるのをなんとかこらえた。そのまま気にしない素振りを装いつつ、改札へと歩を進める。近づくにつれ、女の顔や首についた皺（しわ）、肌や黒髪の艶（つや）の無さなどが見えてきた。おそらくその年齢は、三十代をとっくに過ぎているだろう。

またウェディングドレスが純白ではなく、あちこち黒ずみ汚れていることにも気づいてしまった。特に長い裾の先は、無残なほど泥や土にまみれている。

……見たらあかん、見たら……。

しかし目の前を通り過ぎるタイミングで、思わずちらりと視線を向けたところ。

女性の顔は、ひどく幸せそうな笑みに溢れていたのだという。

「それがもう、やるせない気持ちになったし、すごく怖ろしかったし……」

おそらくその女性は、東京駅近くのホテルにて結婚式を挙げようとしていたのだろう。

しかしその日、式場でどんなに待っても、花婿が到着することはなかったのだろう。

「もちろん、生きている人の可能性もあるよ。結婚式でひどい目にあった人がおかしくなっちゃって、ずっと昔から東京駅に出没している……とか」

いたこさんの言い分も正当だが、場所は天下の東京駅だ。ウェディングドレスの女がいれば注目されているはずで、その存在が広く知られていなければおかしい。しかし「東京駅の花嫁」という噂は、他にはついぞ聞いたことがない。もっとも最近では東京駅丸の内口でフォトウェディングを撮るのが流行っているから、花嫁姿の女性がいても目立たないだけかもしれないが……。

それでも私は敢えて、怪談寄りの説を唱えていきたい。東京駅と白い女の怪談が、実は他にもあるからだ。例えばTwitterを探してみると、以下の呟きを書き込んでいる人がいた。

「有名な怖い話の一つに『東京駅地下街の幽霊』があります。東京駅の地下街を歩いていると、ある場所で謎の女性が現れ、一緒に歩いていると彼女がいなくなってしまうというものです。その女性は美しい黒髪で白いドレスを着ているとされ、見た人たちは彼女を『#東京駅の幽霊』と呼んでいます」

この情報を興味深く感じた私は、ツイート主にコンタクトをとってみた。すると返ってきた答えは「人伝てで聴いた話なので詳しくは知らないです」とのこと。とはいえ東京駅に馴染みある多くの人々に、そのような噂が囁(ささや)かれているのは事実のようだ。

黒髪で白いドレス……どこかいたこさんの見た花嫁を連想させる姿ではないだろうか。

また別の怪談騒ぎが、メディアで大きく報じられたこともある。

一九三〇年十月二十八日、東京駅ホームにて謎の墓石が発見された。

場所は山手線・京浜線（現・京浜東北線）の第二ホーム、神田寄りの一番端である。新聞記者の取材に対して駅主任は、こう答えた。

「いつ頃からあるのか。今まで毎日この辺は巡回するが気がつかなかった。道理でこの場所では駅員が度々死にましたよ」

ここ二〜三年の間に、駅手が二人、信号手と駅員が一人ずつ、このホーム突端付近で死亡している。いずれも列車に轢(ひ)かれての即死だった。また墓石発見の五日前にも、郵便手がここで死んでいたという（死因は不明）。

東京駅長はこれを受け、「さっそく坊さんを呼んで供養しよう」と語った。

——以上のエピソードを伝えたのは朝日新聞※1だが、その後の顛末が、翌月の東京日日新聞※2や山陽新報※3に掲載されている。

二紙によれば当の無縁仏の墓石は三年前、工事用の土砂に紛れて東京駅に運ばれたもので、第二・三ホームの間から発見されたらしい。それ以来、列車の脱線が二回、飛び込み自殺二回、宿直員がたびたび幽霊に悩まされる……との事態が発生。先述の朝日新聞の死亡事故とまた別件だとすれば、相当数の祟りが起こっていることになる。

怖気づいた東京駅員たちは、この墓石を芝浦の野球場へと移転。しかしすぐ翌日の試合中、まさに東京駅員の一人が、滑り込みの際に右足を骨折してしまったのである。

おそらくそのタイミングで、駅員の一人もしくは数名が、こっそり墓石を東京駅第二ホーム端へと戻してしまったのだろう。そして件の再発見後、たまたま芝の増上寺に集まっていた全国の僧侶たちがこの騒ぎを聞きつけた。

そこで京都の浄土宗の大僧正・郁芳瑞圓がリーダーとなって東京駅長に供養を打診。総勢三十七名の大法要が執り行われることとなった。ちょうどラッシュアワーの折、第二ホームは見物客で満杯となったそうである。※4

後の続報は無いが、おそらく墓石の祟りはこれにより鎮まったのだろう。

ちなみに墓石に刻まれた無縁仏の戒名は、おそらく夫婦の銘で、

「先祖代々　有隣院玄徳居士」と「延壽院久寶妙長大姉」

彼らの死亡年代は不明だが、おそらく白装束にて弔われたはずだ。

となれば、この「延壽院久寶妙長大姉」こそが「東京駅の白い女」のルーツかもしれない……とは、さすがに考え過ぎだろうか。

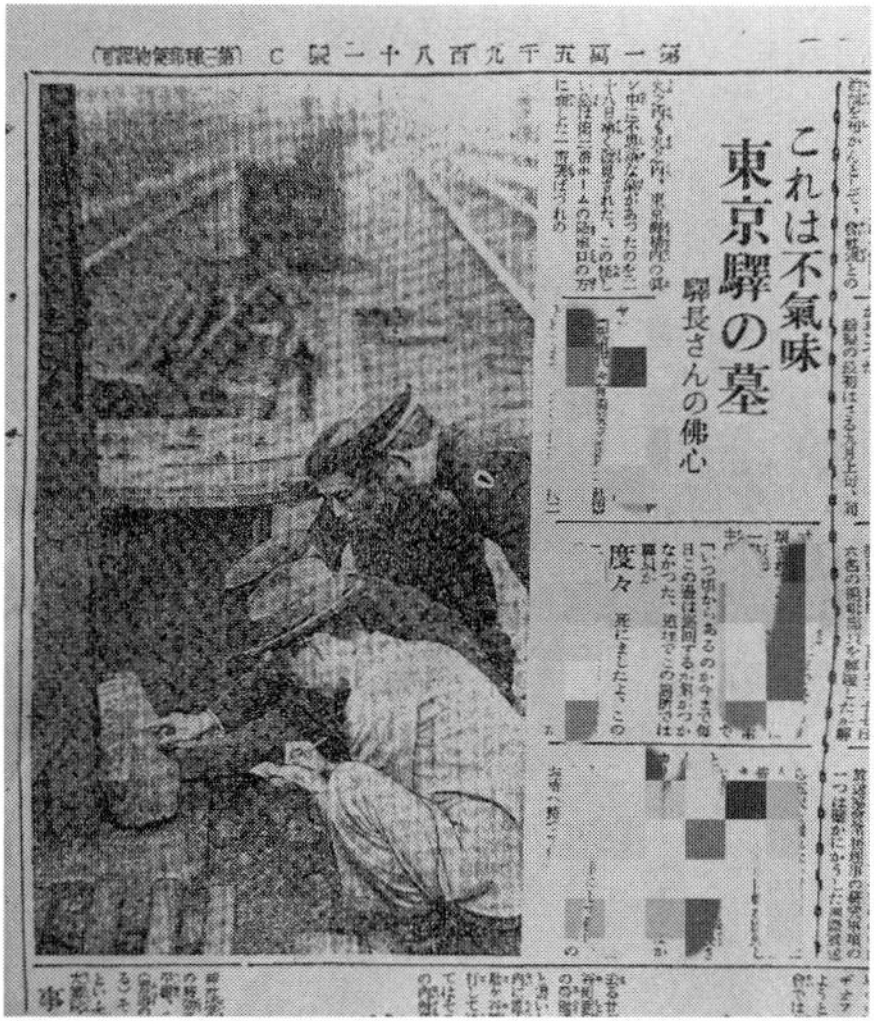
これは不氣味
東京驛の墓
驛長さんの佛心

東京駅での墓石発見を伝える朝日新聞の記事

※1　『朝日新聞』一九三〇年十月二十九日東京夕刊

※2　『東京日日新聞』一九三〇年十月一月二十六日東京夕刊

※3　『山陽新報』一九三〇年十月一月二十六日

※4　富岡直方『日本怪奇物語 明治大正昭和篇』（二松堂書店、一九三五年）64Pによれば報知新聞でも報道。

平将門の首塚はいつから「祟る」のか

東京駅付近の怪談と言えば、平将門の首塚＝将門塚を忘れてはならないだろう。あの大手町の狭い一画こそ、日本で最高の知名度を誇る「祟りスポット」なのだから。しかし将門塚は、いつからこれほど祟る場所と怖れられるようになったのだろうか？

もちろん当地の由緒はたいへん古い。一三〇五年、芝崎村にて疫病が蔓延したため、真教上人が将門の怨霊を神田明神として祀り、日輪寺に供養して鎮めたとされる。そして江戸城および都市の開発に伴い、神田明神は現在地（外神田二丁目）へ移動。しかしその後に祟りの噂はとんと聞かない。江戸時代には酒井家上屋敷の庭の一部となるが、同屋敷にて伊達藩士四名が死亡した「伊達騒動」の際にも、塚との関連は取り沙汰されなかった。当時の人々からは「神田明神の跡地」「縁結びの将門稲荷」「将門公の首を洗った池」としか認識されていなかったようだ。※1

そもそもここが「将門の墓所」と広く認識されるようになったのは、大蔵省の敷地となった明治後期～大正時代からである。

そのキッカケは『平将門故蹟考』を著した織田完之。情熱的に各地の将門関連史跡を調査していった織田は、大蔵省内の盛り土と将門伝説に着目。この時にはまだ酒井家の庭園も、塚の土盛りもそのまま保存されていた。大蔵官僚・阪谷芳郎（渋沢栄一の娘婿）の尽力もあり発掘調査が開始。遺体や首などは出土しなかったが、何者かを供養した塚であることは判明し、一九〇三年に史跡認定へと至る。ただ当時の将門ルネッサンスは、逆賊とされた汚名を返上せんとする啓蒙活動の側面が強く、オカルチックな祟り要素は窺えない。※2

将門塚祟り伝説の第一次ブームは、関東大震災をキッカケとする。被災により大蔵省の建物、庭園はともに損壊。二度目の発掘調査の後、塚も池もつぶされ、その上に仮庁舎が建つ。すると大蔵大臣をはじめ、官僚や工事関係者が次々に死亡したのだ。死者数は十人以上におよび、庁舎内での転倒による怪我人も続出。怖れをなした当局は一九二七年、塚の石碑を新たに建立。翌年三月二十七日、神田明神による鎮魂祭と日輪寺による法要を執り行ったのである。

さらに一九四〇年には、落雷によって大蔵省庁舎が焼失。大手町の官庁街まで燃え広がる被害が起きた。奇しくも将門没後・千年目にあたる年だったこともあり、ふたたび大蔵省による慰霊祭が催された。こうした椿事（ちんじ）が新聞などのメディアで話題となり、祟り伝説が全国に広まっていった……と考えれば、まだ伝説発生から百年も経っていないのである。

いやさらに正確に言おう。将門塚の祟りイメージが現在のかたちで定着したのはズバリ「一九七六年」である。この年は将門塚にとっての重要事が重なった。三井物産ビル建設に伴う整備工事（第五期）、そして将門を主役としたNHK大河ドラマ『風と雲と虹と』放送である。既に日本時代劇の代表格となっていた大河ドラマに採用されることで、将門

※1　織田完之『平将門故蹟考』(碑文協会、1907年)
※2　荒井康夫『呪はれたる将門』(雑誌『日本及日本人』1922年5月15日号)など

人気が再燃。マスコミの注目が集まった機会に折良く（または折悪しく）将門塚にまつわる恰好のネタが発掘された。

まず早かったのはオカルト記事が得意な『微笑』。一九七五年夏には「なんと！　平将門の首の怨霊が生きていた！」と題する怪談記事を発表している。先述の大蔵省エピソードをはじめ〝①周辺の工事をする際・メディアが将門を扱う際は参拝しないと事故に遭う〟、〝②戦後、アメリカ軍が同地を駐車場にしようとしたところブルドーザーが横転して日本人運転手が死亡した〟……という、今では常識となった将門祟り伝説を紹介。※3

翌七六年初頭に『週刊平凡』がネタを補強。①については「工事関係者が六人も死んでいるらしい」「工事が一年半も中断したのはお祓いを受けなかったので祟りがあったのでは」との噂を取り上げる（記事内で否定してはいるが）。また②のブルドーザー騒ぎについては「町内会長・遠藤政蔵氏がマッカーサー司令部に首塚を残すよう陳情した」逸話が息子の達蔵氏（当時の将門塚保存会副会長）から紹介される。保存会が情報元である同エピソードが、現在も世間で広く引用され続けているのは周知の通りだ。※4

さらに〝③塚に面したビルの各階で病人が続出したためお祓いをし、その後は机を窓側にして塚に尻を向けないようにした〟噂も登場した。次にこの噂の裏取りをしたのがビジネス誌の最古参『財界』。三月号に長銀の吉村勘兵衛副頭取、六月号に秋田兼三専務の談

※3　『微笑』1975年7月12日号（祥伝社）　※4　『週刊平凡』1976年1月22日号（平凡出版）。同エピソードは朝日新聞1970年7月19日東京版でも紹介されている。

話を載せる。特に後者、秋田専務の詳しい述懐は今なお貴重な歴史的証言だ。※5

大手町ビジネスマンに限定すれば、これらの噂は昔から有名なローカル怪談だったかもしれない。しかし全国的な知名度が低かったことは当時の各誌の書きぶりから察せられる。一九七五年以前の新聞・雑誌における将門塚の怪談記事は皆無ではないが、分量に明らかな差がある。しかし一九七六年の大河ドラマを機に、また当時のオカルトブームも手伝って、将門塚の怪談ネタをメディアが発掘・拡散。これによって現在の祟り伝説が定着したのである。

この経緯はまた、戦後復興史とも関連づけられそうだ。将門塚の一九六一〜七六年の整備工事は五期に分かれるが、これを大手町パルビル竣工から三井物産ビル竣工までの「十五年にわたる一連(つら)なりの土地開発」とも捉えられる。つまり戦後高度経済成長がオイルショックでひと息つくまでの期間だ。日本全体の経済復興は、そのまま大手町ビル街の興隆と重なる。しかし狂騒めいた開発はいつか終わる。その終わりとともに噴出したのが、街の中心点＝将門塚の祟り伝説だった……それがまさに「一九七六年」だったのである。

※5 『財界』1976年3月号・および6月号(財界研究所)

高円寺の水くれじいさん

蜜柑(みかん)くんが子どもの頃に住んでいた実家は高円寺駅から南に徒歩十分、青梅(おうめ)街道の近くだった。

小学三年生か四年生の夏休み、と記憶している。とにかく、いやに暑い日だったのは確かだ。蜜柑くんは一人で玄関先に出て、水鉄砲を使って遊んでいた。

歩道を避けて自宅の壁や植え込みへ、水のビームを発射していく。エネルギー源が切れたら、水道水で満たされたバケツの中に沈めて充填する。

コポコポコポと水面に浮かぶ泡を、しゃがんだまま夢中になって覗き込む蜜柑くん。

夏の陽は高く昇り、裏路地の住宅街にも強烈な光が差し込んでくる。

と、目の前を影が遮(さえぎ)った。顔を上げれば、見知らぬお爺さんが立っている。

歳はもう八十歳に近いような、かなりの老人。タンクトップのような肌着とステテコ姿で、胴回りと下腹部以外の肌が露わになっている。

「みず……」

お爺さんは、こちらを見下ろしながらそう呟いた。

とっさのことに蜜柑くんがなにも言えずにいると。

「水をくれ！」

そう叫ばれ、思わずびくりと立ち上がった。視界のすぐ前に、お爺さんの肩がくる。

その肩には、大きく丸い穴が空いていた。

――弾痕だ。

そう確信した。

まるでライフルの銃弾で撃たれたように、穴はお爺さんの体をきれいに貫通していた。

彼の背後にあるブロック塀が、穴を通して覗けてしまうほどだ。

穴の内側では、ひくひくと白い肉が蠢（うごめ）いている。しかし血は一滴も流れていなかった。

それは今さっき撃ち抜かれたようでも、はるか昔の傷痕のようでもあった。

「水をくれ！」

ふたたびの怒号に、蜜柑くんは踵（きびす）を返し、家の中へと駆け込んだ。

急いで玄関を閉めた後、またすぐにドアのスコープから外を覗いてみたのだが。

老人の姿は、すっかり消え去っていたのだという。

吉祥寺駅

井の頭公園のカブトガニ

二〇二〇年六月三日、夜の二十二時過ぎ。

アップリンク吉祥寺にて『ＤＵＮＥ』を観た、その帰り道である。

当時、眠子さんが住んでいたアパートは公園のすぐ向こう側に位置していた。

吉祥寺駅北口の映画館から駅前の高架下を抜け、南口の街並みを抜ければすぐに井の頭公園へと入る。

このまま園内を突っきっていくのが、いつもの眠子さんの帰宅ルートだった。

初夏の夜のこと、この時間でも散歩者やカップルが井の頭池の周りにちらほらと佇んでいる。と、そこで眠子さんのｉＰｈｏｎｅが着信を知らせた。自分と同じく近所に住んでいる女友だちからだ。

「あ、いま公園歩いてるの？　じゃあ一緒にコンビニ行こうよ」

彼女の到着を待つためのベンチを探した。映画の余韻に浸りたいので、なるべく人のいないところがいい。

そのまま西の三鷹方面、園内でもより暗い方へと歩を進める。そこにベンチがあると知らなければ誰も行かないような、穴場のポイントに座りたかったからだ。

案の定、そのベンチの周囲はいっさい人気（ひとけ）のない暗がりが広がっていた。

いつもと違ってイヤホンで音楽を聴くこともなく、一人ぼんやり池を眺めながら、先ほどの映画について思いを馳せていた眠子さんだったのだが。

ガサ…ガサ……。

すぐ後ろの木立から、草のこすれるような音が響いた。

振り向いたとたん、木の陰から奇妙な影が飛び出してきた。薄闇の中なのでシルエットしか視認できないが、平たく丸い、閉じたグローブのような形状と大きさのものだった。

……ふうん、井の頭公園にも亀がいるんだなあ……。

しかし次の瞬間、それは思いもよらない動きを見せた。ぐるん、と高速で縦に半回転したのだ。人間がでんぐり返しするような回り方で、明らかに亀の動きではない。

……は？

驚きのあまり、ベンチから腰が浮く。動きも奇妙だった上、回転したシルエットは亀というよりカブトガニに近いように見えた。その得体の知れなさが恐ろしくあったが、それ以上に好奇心が膨らんだ。

ｉＰｈｏｎｅのライトをつけ、木のそばへと近づいていく。それとの距離は三歩ほどしかない。逃げてしまうような時間はなかったはずだ。

だがライトを照らした先に、さきほどの物体は影もかたちも見当たらなかった。

……池に落ちた？

ただし今夜はイヤホンもつけていなければ音楽も聴いていない。池に落ちた水音を聞き逃すはずがない。水面にライトを向けて目を凝らしてみても、波だっている様子はない。

先ほど平たく丸い物体が動いていたのは紛れもない事実だ。それなのに、なぜいきなり消えてしまったのか。心の中で不気味さが恐怖へ移ろうとした直前。

「うおっ」

ＬＩＮＥの通知音が鳴った。思わず取り落としそうになったｉＰｈｏｎｅを持ち直すと。

「コンビニ着いたよ～」との友人からのメッセージ。

急いで合流し、明るい店内にて先ほどの顛末をまくしたてる。暗がりの孤独から解放され、気持ちが大きくなったのだろうか。友人に話しているうち、あれは本当にあったものか確認したいとの欲求が強くなってきた。

「ね、一緒にさっきの場所に来て！　二人で探してみよう！」

困惑する友人の手をなかば強引にひっぱり、店外へと連れ出す。ふたたび井の頭公園の池を目指して歩きながら。

「ほんとにあったんだよ！　平たいなにかが落ちてきたの！」

そう声を荒げる眠子さんに、友人は呆れた様子で。

「いやいや……ないでしょ。フリスビーじゃないの？」

「ちがう！　生き物！　それは絶対！　生きてるものが絶対にあった！」

こちらの強弁に無理やり付き合わされている相手は「そんなのないでしょ！」と返す。

「ある！」「ない！」「ある！」「ない！」「ある！」「ない！」

キャッチボールのような口喧嘩を続けながら歩いていくうち、例のベンチに到着した。

「ここ！　ここだから！」

木の根元や地面、池などをライトで照らしながら必死に探してみるも、あの平たい物体はおろか、少しの異変も見つけられない。

「ほら〜なにもないよ〜」

友人は一メートルほど離れたところで、やはりスマホで照らした地面をあちこち蹴りながら、気の抜けた声をあげている。

……絶対あったんだから……あれを見せつけてやらなきゃ……。

焦る眠子さんが、地面に倒れ込まんばかりに顔を近づけていると。

——ふあーん——。

甲高い音が、あたりに響いた。これまでついぞ聞いたことのない、なににも喩えようのない音響だった。

それに続いて友人が「え？」と声をあげてこちらに近付いてきた。そしてやけにこわばった顔で、こう告げたのである。

「暗いし、もう帰ろう」

さすがに嫌気がさしたのだろうか。なにも発見できそうになかったこともあり、眠子さんたちはその場を去ることにした。池のほとりを離れた後、眠子さんが歩きながら、

「さっき変な物音が聞こえたよね？　ふあーんっていう変な高い音」と質問すると。

「ちがう」友人はさらにこわばった声を出した。

「ちがう、もっとちゃんとした言葉だった」

「なにそれ、どういう言葉だったのよ」

友人によれば、さきほど地面を蹴りながら「なにもないよ〜」と声を発した次の瞬間。

すぐ左側の耳元で、女の声が、こう囁いたらしいのだ。

〈あるんだよ〉

自分たちがいたのは一本道。片側は池、その反対側は木や草が生い茂っている場所である。人が立ち入れるはずがない。

「やだ、ちょっと、それ……」

「やばいよね」

すっかり怖くなった眠子さんが「どうしよう」と涙声をあげる。

「うちに、厄年の厄除けでもらった清めの塩とお酒があるから、それを取りにいこう」

提案に従い、友人の家へ向かうことにした。

急ぎ足の友人の後ろについて、園内の道をゆく。毎日通っている場所なのに、あるポイントを通過したところで、いきなり暗く嫌らしい空気に触れた気がした。

うわ、なんだろう……。そう思った瞬間、友人が勢いよく後ろを振り返る。

「ちょっと、いきなり振り返らないでよ！　こんなタイミングで怖いから」

思わず注意したが、友人はそれを無視してまじまじと自分を見つめてくる。

いや違う、その視線は自分の背後に向いているようだ。

「走るよ！」

そう言い捨て、いきなり友人が駆けだした。眠子さんも慌ててその後を追う。訳も分からないまま走り続けた末、ようやく人通りの多い道に出ることができた。

友人宅に着くなり、眠子さんは清めの塩をかけられ、同じく神社からもらった酒を飲まされた。その日は怖かったので家に泊まらせてもらい、翌日の朝を迎えた。

そして、このままでは怖くて仕方ないので、眠子さんは無理やりな考察をつけて自分を納得させた。

「カブトガニ型の宇宙人が我々の前に出現したのだが、それを信じようとしない友人に立腹し、女声で実在を囁いたのではないか」

という解釈に。

しかしあの時、どうして友人が後ろを振り返ったのか、なぜいきなりわき目も振らずに走りだしたのか。

それについてはいくら理由を聞いても、友人は言葉を濁すばかりでなにも語ってくれないのだという。


ここからは私個人の勝手な邪推になってしまうのだが。

その女友だちが逃げた理由とは、「首無し女」を見てしまったからだ……という可能性はないだろうか。

そして眠子さんが見かけた「カブトガニ」らしき影。

それは男性なら見えるが女性には見えないものだったから、影しか確認できなかったのではないか。いくら眠子さんと女友だちが捜索しても発見できなかったのではないか。

友人が聞いた女の声とは、その平たく丸いものが発した声だったのではないか。

つまりそれは、「首無し女の首」だったのではないだろうか……。

突然、訳の分からない主張をしてきたぞ、とお思いだろう。

しかし井の頭公園にまつわる怪談を探ってみると、これがあながち根も葉もない主張と言い切れないのである。

井の頭公園の首無し女

井の頭公園には「首無し女」が出るという噂がある。

古くからの地元民あるいは怪談マニアには、それなりに知られた噂だろう。

弁天池から首の無い女が這い上がってくる。雑木林にて無くなった自分の頭部を探す女がいる……などなど。

またはこんな話もある。カップルがデート中、白い服を着た首無し女に出くわした。恐怖のあまり男は一人だけで逃亡。その後、怒った女に別れを告げられてしまった。井の頭公園でデートしたカップルは別れるという伝説の一パターンだ。※1
それら都市伝説めいた話について、有名な未解決事件が元ネタになっているだろうとは、多くの人が連想するはずだ。つまり「井の頭公園バラバラ殺人事件」の、被害男性の頭部がいまだ見つかってないことが影響しているのか、と。

しかしそれなら、なぜ男から女へと性別が変わっているのかという疑問も残る。まあ井の頭公園といえば巨大な弁天池と、そこに祀られている弁財天である。あの女神の存在感が、化けて出てくる首無し霊を男性から女性に変更させてしまったのだろう。

……というのが、怪談マニアたちの定説だったのだが。

どうやら井の頭公園の「首無し女」とは、そう単純に結論づけられる怪談でもなさそうなのだ。

昔、吉祥寺のキャバクラで働いていた女性の話によると。

桜の季節だったという。休みが被った同僚と二人、夜の花見でもしようということになった。公園脇にある「いせや」で焼き鳥をテイクアウトし、コンビニで当時流行っていた缶チューハイを購入。野外音楽ステージの前のスペースでささやかな酒宴を開いた。

「あれ？　なにあの人」

そこでふと、同僚が素っ頓狂（すっとんきょう）な声をあげた。

彼女はまっすぐ野外音楽ステージへと視線を向けている。なので自分もそちらを向くと。

舞台上を人影が一つ、横切っていくのが見えた。影といっても黒くはなく、全身が白いシルエット。真っ白いロングドレスを着ているのだろうか。そんな女性が、上手（かみて）から下手（しもて）へスタスタと歩き、退場していった。

ただ――。

本当に「白一色」だった。横顔の肌色も、髪の毛の黒色もしくは茶色も、そこにはなかったのだ。

「今の人、あのステージ横切った人……」

同僚が、ぽかんと口を開けながら呟いた。

「……首、なかったよね」

当エピソードについて注目すべきは、その時期である。体験女性によれば一九八八年か八九年の春だったとのこと。

そう、「井の頭公園バラバラ殺人事件」が発生した一九九四年よりもずっと前なのだ。


またこんな話もある。これも「バラバラ殺人事件」より前の時期だ。

やはり吉祥寺で水商売をしていた女性二人が、深夜、「いせや」から公園へ下りていく道を歩いていると。

〈ぁぁあぁーっ〉

悲鳴とも笑いともつかない、女の甲高い叫び声が聞こえてきた。

何事かと思って顔を上げると、白いワンピースを着た女がこちらに向かって走ってきた。

〈あああああっ！〉

同時に叫び声もまた近づいてくるので、明らかにその女が発しているものに違いない。

〈あああぁぁぁ……〉

叫び声と疾走する女は同時に、自分たちの脇を通り過ぎていった。

しかしその声については、女の体のどの部分から発していたのか不明だった。

なにしろ女には、首から先の頭部が無かったのだから。

十数年後、『ほんとにあった！　呪いのビデオ Special 5』（二〇〇四年）を視聴していたところ、首の無い男（らしきもの）がカメラ前を横切っていく投稿ビデオが収録されていた。同シリーズでも名作と評価が高い、「疾走！」というタイトルの映像だ。

走り抜け方の角度が『ほん呪』ではカメラ前の「左右」、自分の体験では「前後」という違いこそあれ、「すごく似たシチュエーションだな」と感じたそうだ。


そしてまたこんな話もある。

その女性は二十歳前後の頃、写真撮影を趣味としていた。

とある夏の日、日の出前の景色を撮影しようと、カメラ片手に井の頭公園を歩いていたという。

まだ朝陽が昇っていない時間帯なので、人の気配もなく静かだ。公園北側、現在は閉業してしまった「旅荘・和歌水」の前を横切ろうとした時である。周囲の光景と不釣り合いな物体が目に入った。

植え込みの中に、マネキン人形が一体、放置されていた。

背中を向けて立っているが、レトロなワンピースを着ているのが分かる。

しかもその人形には、首から先が付いていない。

……なんだろう、これ。和歌水の中でオブジェとして飾られていたのかな……？　首がとれたから廃棄されたってこと……？

いずれにせよ撮影対象として面白い。カメラを向け、ファインダーを覗いたところ。

ぐるり、と人形が反転した。

えっ、とファインダーから顔を上げると、正面に向きなおった首無しマネキンが、ガタガタ動きながら近づいてきた。

女性は悲鳴をあげて逃げ去ったのだが……。

「今になってみると、どうしてそのまま一枚でも写真を撮らなかったんだろう、って」

ひどく悔しくなってしまったそうだ。


これら「首無し女」怪談は、なぜか体験者が全て女性に限られている。

次に、現場は同じく井の頭公園だが、体験者が男性であるパターンを見てみよう。

現在五十歳で、子どもの頃に公園すぐ近くの実家に住んでいた男性Aさんによれば。

　四十年ほど前、近所の少年たちに次のような噂が広まっていたのを覚えているという。

「井の頭公園の弁天池には大きな鯉（こい）のヌシが潜（ひそ）んでいる。巨大鯉はたまに水面に浮上するのだが、その時には必ず、女の生首も一緒に上がってくる」

　Aさん自身は体験していないが、男友だちの話では、ヌシたる鯉と女の首がセットで浮上する様を見たものもいたという。

　この噂は、また別の男性Bさんの体験談と繋がってくる。

　Bさんは大学生の頃、深夜の井の頭公園をふらふら散歩していた。やはり春の盛り、桜が咲ききり散りきったあたりの季節だったという。池のほとりは桜の花びらがびっしりと浮かんだ、いわゆる「花筏（はないかだ）」の状態となっている。

　その光景を珍しく思い、しゃがんで水面をまじまじと見つめていたところ。

　大量に浮かんだ花びらたち、その手前あたりが、ぽこりと盛り上がった。

　そして水がざあぶと流れ、少女の頭が浮かんできたのである。

　背泳ぎのように真上を向いて、その両の瞼（まぶた）は閉じられている。しかし耳の下までくっきり露出しているので、丸みを帯びた顔の輪郭、目鼻立ちの愛らしい美少女であると、はっきり見て取れた。

　そして――なぜ水中でその形状を保てていたのか不可解だが――これまた丸くふんわり

と膨らんだ、ボリュームのあるショートボブの髪型をしているのも分かった。

Bさんによれば、それはもう「映画『野生の証明』のポスターの薬師丸ひろ子」に、そっくりだったのだという。

とはいえ目撃した瞬間には、そんな呑気なことを考えていられない。

おいおい！　これ、死体じゃないか？

思わず池の方へと前のめりに覗き込んだ、その瞬間。

ぱちり、と少女の両目が開いた。

「あっ」

つられてそう叫んだ後、

「だ、大丈夫？」とBさんが声をかける。

しかし少女はなにも答えず、その頭は静かに水中へと潜（もぐ）っていた。

「え、なに、なに？」

呆気にとられたまま池を見つめる。そのまま数十秒ほど経っただろうか。

ざあぶ、と水の流れる気配がした。

さきほどよりも離れたあたりで、また桜の花びらが盛り上がるように動き、先ほどの少女が浮上したのだ。

やはり水面からは頭部しか出していないが、今度は立ち泳ぎのように顔をこちらに向けている。そのまま自分の目と目が合ったと思いきや、少女ははじけるような笑顔を見せた。にかっと大きく開いた口。その全ての歯が、鋭く尖っていた。

とぷん。

また少女の頭は水中に沈んでいき、後はもう、いくら待とうが姿を見せてくれなかった。

そういえば、とBさんは思った。

こんな花筏の池から二度も浮き沈みしたのに、なぜだろう。

あの子の顔にも髪にも、一枚たりとも花びらが付いていなかったなあ、と。


各時代・各人たちに井の頭公園で目撃された、女の怪。

女性が見たそれは「首無し女」で、男性が見たそれは「首だけ女」なのはなぜだろうか。

ひょっとしたらその点に、不思議を紐解くヒントがあるのかもしれない。

※1　世界博学倶楽部『都市伝説王』(PHP研究所、二〇〇七年)

武蔵小金井駅

多磨霊園の首無し女

女と首にまつわる怪談は、中央線をもう少し西に進んだエリアにもあるようだ。

国分寺駅近くを源流とする「野川（のがわ）」は、コンクリートで護岸された都心の川とはまた違う、のどかな武蔵野の風景を残している。私も晴れた日には、その草木生い茂る土手をぶらぶらと歩き回るのが好きだ。

野川の周囲には公園が点在しており、広大な多磨（たま）霊園ともども地元民の憩いの広場となっている。ただ同時にそのあたりは、怪談の現場にもなっているようで……。

証言者は、泉さんという女性とその家族。泉さん一家は祖父母の代から武蔵小金井に住んでいるそうだ。

「まず、うちのお姉ちゃんの体験なんですけど。二十歳ぐらいの時、多磨霊園で夜中に友だちと遊んでたらしいんです」

正門と反対側、武蔵小金井寄りの小金井門近くにて酒盛りをしていた姉たち。

宴が進むうち、当然ながら尿意を催してくる。

そこで姉は一人、小金井門の方の公衆トイレに入っていった。明らかに無人の空間に、安っぽい蛍光灯の明かりが点滅している。急いで用を済まそうと、いちばん手前の個室の扉を開けたとたん。

すぐ目の前に、人影が浮いていた。

「わあっ！」

とっさに後ずさる。視界が広くなり、それが首を吊った女性だと分かった。

便器の前に吊るされた体が、ぎい、ぎい、と揺れている。

「け、警察！　警察！」

仲間の元に駆けていった姉は、必死にそう叫んだ。

しかしもう一度確認するべく全員でトイレに舞い戻ったところ、女の体は忽然(こつぜん)と消えていたのだという。

酔っぱらい過ぎだと皆に笑われたが、姉は「本当にいたんだって！」と主張を譲らない。

ただグループ内の一人だけは神妙な顔で「信じるよ」と一言。

「確かここの霊園、少し前に首吊り自殺した人がいたって聞いてるから。林の木にでもロープ吊るしたのかと思ってたけど……」

ここのトイレが現場だったんだね。

そんな話を姉が語っていたところ、

「多磨霊園に出るのは、首の無い女の幽霊だぞ」

お祖父ちゃんが会話に割って入ってきた。

どういうことか訊ねると、

「ほら、府中の、あの少年院の医療刑務所があるだろう」

多磨霊園から約二キロ西にある、現在は閉鎖した関東医療少年院のことだ。地元民以外にとっては、神戸連続児童殺傷事件の酒鬼薔薇が入所していたことで有名だろう。

昔、その裏の暗い道で、女性がタクシーを拾ったのだという。

そこでなにを思ったのか、タクシー運転手は彼女を強姦しようと掴みかかった。しかし女性の必死の抵抗にあい、そのまま彼女を絞め殺してしまった。

そしてまたなにを思ったのだろうか。運転手は女性の遺体から首だけを切り落とし、自分のタクシーに乗せて運んでいった。

そしてすぐ近くにある多磨霊園へと車を乗りつけ、その雑木林に首を埋めたのである。

遺棄された頭部はすぐに発見され、犯人である運転手も逮捕された。

しかしそれ以降、霊園には夜な夜な首無し女が出没するようになったというのだ。

「え、でもそしたら多磨霊園には首だけ女が出るはずじゃないの？」

泉さんたちが質問すると、お祖父ちゃんは頭を振って。

「いやいや、自分の首を探しにくるのよ」

首を切り離された女性の、その怨念だけが色濃く残ってしまったのだろう。

自らの頭部を求めて、女性の体だけが墓場をさまよい歩いている。

地元の人々は、そう噂していたそうである。

井の頭公園の「首無し女」「首だけ女」については、当地の水神伝説も考慮したい。昔、世田谷の長者が井の頭弁天に子宝を願ったところ美しい娘が生まれた。しかし娘は成長後、井の頭池へと入水して池のヌシになったという。このヌシは白蛇とも人頭蛇身の宇賀神ともされ、池の畔には今でも(顔は翁だが)宇賀神の石像が祀られている。また「ヌシが湖面に現れる時は、この世の人とも思われぬような美女の姿をしている」とも。※1 人頭蛇身の美女が水面から頭だけを現わせば、確かに「首だけ女」に見えるかもしれない。

一九六六年、井の頭池で女性の絞殺死体が発見された事件もある。靴下で首を絞められた三十歳前後の女性が、茶のセーター・茶のスカートで池に浮かんでいた。その様子もまた「首だけ女」に見えただろうか。後の続報は無いので事件が解決したかは不明だ。※2

また、作家・さくらいよしえのコラム「吉祥寺闇がたり」に気になる文言があった。

「……「近鉄裏」の風俗街じゃ(略)ホテトル嬢が殺されて以降、首なし幽霊が出ると名高いラブホテルも陰鬱なオーラを放ち……」※3

近鉄裏とは近鉄百貨店の裏通りのこと。現在は再開発によって近鉄跡地にヨドバシカメラが建ち、往時より明るく開けたものの、あの薄暗い雰囲気もまだ少し残されている。

同区画のホテルでの殺人となると、一九九三年、別れ話の末に男が交際女性を刺殺したケースがあるが、※4 ホテトル嬢と頭部切断にまつわるような事件は、私の調査では発見できなかった。ただTwitterで寄せられた情報によれば「某ホテルでは、殺されたホテトル嬢の霊が出る」との噂が地元民に広く知られているそうだ（現在営業中なのでホテル名は伏す）。この近鉄裏ラブホテルの殺人事件と幽霊の噂が、井の頭公園の「首無し女」へと波及した可能性はあるかもしれない。

では次に多磨霊園の「首無し女」について。泉さんの祖父が語ったような事件は、新聞・雑誌を検索してもいっさい見当たらなかった。もちろん都市伝説やローカル怪談の類なのだから、実際の事件と照合されないことはさほど不自然ではない。とはいえ噂の元となった事件くらいはありそうなものだが、はたして。

首を切り離すという犯行内容、現場が関東医療少年院の裏手という立地から、一見、酒鬼薔薇の影響も思い当たる。だが祖父が噂を聞いたのはもっと昔のはずだ。一九四五年、多磨霊園にて二十歳頃の女性の絞殺死体が発見された事件、[※5]一九五四年に現・西国分寺駅近くの小川でほぼ全裸の首無し女性遺体が発見された事件（結局、自殺後に腐敗したものと断定）[※6]があり、これらの方がまだ可能性は高いだろう。

そもそも首の切断という行為から、酒鬼薔薇のような猟奇的性癖を連想するのはミスリードかもしれない。指紋鑑定とDNA鑑定の無かった昔であれば、首を切り離して遺棄する行為は、遺体の身元隠蔽（いんぺい）にかなり役立ったからだ。

一九〇九年、鈴ヶ森の浜辺に首無しの女性遺体が流れ着いた。現在の鈴ヶ森刑場跡、しながわ水族館あたりだろう。当時の報道を眺めれば、この猟奇事件が世間を大いに騒がせた様子が窺える。警察の必死の捜索により、三ヶ月後ようやく上野不忍池にて該当女性と思われる頭部を発見。しかしその後は進展を見せず、結局、犯人逮捕に至らぬ未解決事件となった。謎のまま終わったことがさらなる影響を及ぼし、翌年には模倣犯である「小名木川首無し女事件」も発生。こちらは被害者の身元が特定され、犯人も逮捕されたが、当時、被害者の頭部切断がいかに捜査を攪乱させたかがよく分かる。※7

しかしまた翌一九一一年、警視庁に指紋制度が導入されてからは状況が一変。指紋による身元特定が可能になり、頭部切断という隠蔽工作は主流をなすに至らなかった（その後も散発的に発生しているが）。ただ、だからこそ逆説的に「首が切断された女性の殺人事件」と言えば、鈴ヶ森・小名木川の両事件が日本犯罪史においてずっと語り継がれたのである。

特に未解決の鈴ヶ森事件は人々に不気味な記憶を残しただろう。それこそ現代人が「井の頭公園バラバラ殺人事件」をいつまでも語り続け、怖れ続けるように。当事件では被害者と思しき頭部が上野不忍池で発見された。このシチュエーションがその後、「井の頭池に女の頭が浮かぶ」との怪談に影響を与えたのかもしれない。

また多磨霊園についても、過去の絞殺事件や首無しの自殺死体が融合し、いつのまにか首が切断された殺人事件へと改変されたのではないか。その発想の大元には「鈴ヶ森（および小名木川）首無し女事件」があったのではないか。それはまた、吉祥寺のホテトル嬢殺人事件の噂にもまた、かなり間接的であっても影響を与えているのではないか。

もちろんなんら根拠の無い邪推であることは自覚している。ただし井の頭公園と多磨霊園において「首無し女」「首だけ女」の怪談が発生したのは、「井の頭公園バラバラ」の一九九四年よりも前であることは事実のようだ。となれば、「井の頭公園バラバラ」と「鈴ヶ森首無し女」、両事件のうちどちらの影響を考慮すべきか、自ずと明らかではないだろうか。

※1 原田重久『武蔵野の民話と伝説』（有峰書店、1974年）82～83P ※2 朝日新聞1966年12月8日夕刊 ※3 さくらいよしえ「吉祥寺闇がたり」『散歩の達人』2009年10月号（交通新聞社）P85 ※4 読売新聞1993年11月4日朝刊 ※5 読売新聞1945年7月24日朝刊 ※6 毎日新聞1954年10月10日朝刊 ※7 読売新聞1909年八月23日朝刊、『明治・大正・昭和歴史資料全集 犯罪篇 下巻』32P、79～91P

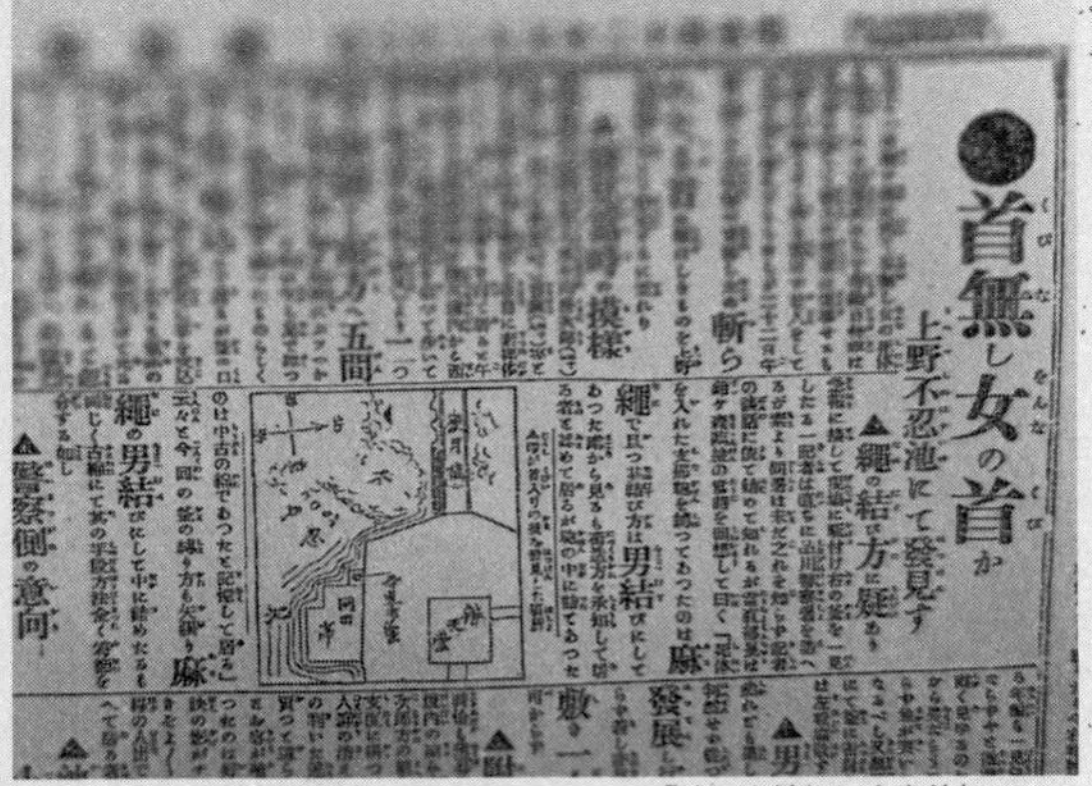

首無し女の首か

上野不忍池にて發見す

▲繩の結び方に疑ひ

繩の男結

▲警察側の意向

「鈴ヶ森首無し女事件」にて、被害女性の頭部らしきものが発見された記事。

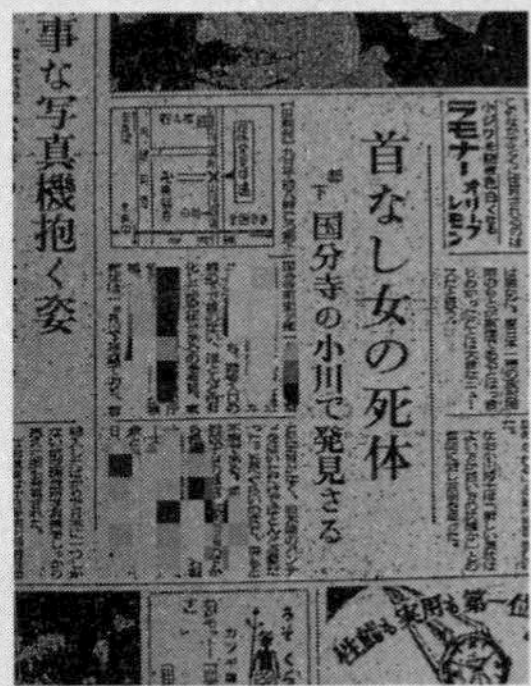

首なし女の死体

国分寺の小川で発見さる

事な写真機抱く姿

多磨霊園から3kmほど離れるが、国分寺駅そばの川でも女性の首無し遺体が見つかっている。

井の頭池の脇にある、人頭蛇身の宇賀神像。

御茶ノ水駅～秋葉原駅

秋葉原の傘の部屋

三鷹駅から中央線と並走している総武線だが、御茶ノ水（おちゃのみず）駅以降は東に分岐して東京下町や千葉方面へと延びていく。一方、中央線はそこから終点の東京駅へと南下していくのは周知のとおり。

となれば三鷹～御茶ノ水間の総武線各駅（東中野駅など）ならともかく、さすがに分岐後の秋葉原（あきはばら）駅を中央線に入れるのはルール違反だろう！　と怒られそうだが……。

今回の体験者である孝さんによれば、

「数年前、彼女と同棲していた千代田区のマンションの話です。御茶ノ水と秋葉原の中間、神田川より内側の、中央線に近いところですね」

とのことなので、ここはギリギリ「中央線怪談」に入れさせてもらおう。

千代田区のマンションとはずいぶん豪勢だが、孝さんが借りた訳ではない。そこは１Ｒか１Ｋしかない単身者向けの物件で、彼女が「仕事の都合」で住んでいるところに、孝さんが転がり込んだかたちらしい。そのため彼も気を遣って、

「自分たちが住んでいたのは七階で、もちろん彼女はエレベーターで一階まで降りて正面

玄関から出ます。でもまあ自分は居候なので行きも帰りも、二階まではエレベーター、あとは非常階段を使って裏口から出入りするようにしていました」

という律儀な生活を送っていたらしい。だから毎日、住んでもいない二階フロアを端から端まで歩くことになるのだが。

「その途中の202号室が、ものすごく邪魔だったんですよ」

エレベーターを出てすぐの202号室は、なぜかいつも玄関が少しだけ外に開いている。それだけならまだしも、ドアの取っ手に大量の傘がかけられているのだ。

「ちょっと分かりづらいですが、縦型のドアハンドルなんです」

縦に細長く、上下が連結された、プッシュプルハンドルというやつだ。重く大きなドアの開閉に適しているので、最近の戸建てや分譲マンションならよく見かける。しかし単身者のみの賃貸物件でも設置しているとは、やはり千代田区らしい豪華さだ。

「つまりハンドルとドアの間に縦の隙間があって、そこに無理やり、傘を十本ほどかけてあるんです」

持ち手のカーブをハンドルにひっかけた傘が、ぎっしりと上下に積まれている。それが十本以上もあるのだから、傘本体はすっきり垂直に下がらず、斜めに突き出るかたちとなってしまう。

そんなドアが、多少とはいえ外に開いているのだ。ただでさえ狭い廊下のスペースが侵食され、進路が半分近く塞がれてしまう。

消防法に違反するので片づけるように、との張り紙がマンションロビーに掲示されたこともあった。しかし２０２号室の住人はいっさい気にせず、同じ状態を保ち続けた。

「どんな人が住んでるかは、さっぱり分かりませんでした。自分も気持ち悪いなとは感じつつ、いつも素通りしていたんですが……」

あれは、どうしてだったのだろうか。

ある日の昼間のことである。例によって二階でエレベーターを降り、非常階段を目指した孝さんが、２０２号室の前を通り過ぎようとした時。

……この部屋の中、どうなってるのかな……。

傘が積まれた玄関の向こうが、どうしようもなく気になってしまったのだ。

いつもよりほんの少しだけ、ドアの開き具合が大きかったせいかもしれない。そこにはちょうど頭一つ分だけ、スムーズに入れられそうな隙間が空いていた。

考えるより先に体が動いた。踵を返してまたエレベーターの前へと戻り、函（はこ）が来るのを待つような素振りをした。２０２号室の扉は、そちらに向かって開いているからだ。

・何食わぬ顔をしつつ、じりじりと横歩きで近づいていく。ドアに体が接する距離まで来たところで、思いきって隙間の向こうへと頭を突っ込んでみたところ。

「真っ暗なんですよ。本当に不自然なほど、暗室みたいな真っ暗闇だったんです」

自分が同棲している部屋と同じつくり、1Rか1Kの狭い間取りである。玄関から正対した向こう、それほど遠くない距離にベランダの大きな窓があるはずだ。分厚い遮光カーテンをひいたところで、ここまで完全な暗闇にできるものだろうか。

……なんだこれ、気持ちわる……。

まるで闇の塊（かたまり）に押し出されるように、孝さんは一歩、二歩と後ずさった。

そこで視界の最下端にちらりと異物が映った気がして、思わず頭をうつむかせる。

「えっ」

手が、玄関の隙間からはみ出していた。

手のひらを下にするかたちで、床と接している。手首から向こうの部分は、ドアに遮られて見えないのだが。

女の左手、ということは一瞬で見て取れた。

甲を上にして、小指が外側、親指が内側。その指は全て白く細長く、皮膚は透き通るように青白い。またその肌が冷たく柔らかいだろうことは、触らずとも感じ取れた。

……女の人が、倒れている！

なぜ先ほど覗いた時に気づかなかったのか。それはともかく、これが緊急事態であることには間違いない。

とっさに詰め寄ったドアを右手で開き、目線を下に落とした。だがそこにあったのは。

「手」だけだった。

手首から向こうはいっさいなにも無い、女の手そのもの。

ただそれは、床にポツンと「置かれている」ようには見えなかった。

その手は切り離された物体ではなく、まだ生きている。手首から見えないなにかが延びていて、どこかにある本体へと繋がっている。

はっきり動いていた訳ではない。血管が脈打つのが見えた訳でもない。

それでも、どうしようもない確信が、孝さんの中で膨らんだ。

すぐ目の前の真っ暗闇に、この手の持ち主、女の本体がいるはずだ。

その確信はまた、非常な恐怖を呼び起こした。気づいた時には、必死になって外の非常階段を駆け下りていた。

「確かにあれは、マネキンでも死体の一部でもなかったです。肉感や艶や肌理(きめ)の細かい毛穴や……若い女性の、まだ生きている手だったんです」

よく考えると、あのマンションの玄関はドアストッパーを噛まさないと勝手に閉じるタイプだった。

ではどうして202号室のドアは、ストッパーも無いのにずっと開いていたのか？

もしかしたら自分が視えていなかっただけで、あの「女の手」はずっとドアの内側に潜んでいたのではないか。そしてドアを半開きのまま止めていたのではないか？

「そう思うと、ゾッとしますよね……」

ならばもうそのフロアに近づかなければいいものを、孝さんはやはり二階の非常階段からこっそり出入りする生活を続けたという。いくら居候とはいえそこまで気を遣う必要もないだろうに、今どき律儀な男である。

ただこの後すぐ、202号室の玄関に異変が起きた。大量の傘が全て撤去され、扉もしっかり閉じられるようになったのだ。

「あ、ここの人いなくなったんだな、と。普通に引っ越したならいいんですけど……」

孝さんは気がかりなのだという。あの真っ暗闇や、若い女の手が、住人への不吉な暗示を想起させるからだ。

「なにしろあのマンション、若い女性ばかりが住んでるところでしたから。しかもそれが皆、アイドルですからね。色々とトラブってしまうことも多そうで……」

と、ここで突然、孝さんの話が思わぬ方向に飛躍した。

いったいどういうことですか、なんですかそのマンションは、と私が訊ねると。

「あれ、言ってなかったでしたっけ？　そのマンションって各部屋を事務所が賃貸して、アイドルの子たちの寮として使ってるんですよ。まあ全部の部屋がそうじゃないですけど。秋葉原まで歩けるから便利なんでしょう」

ちょっと、ちょっと、ちょっと待て。

動揺を隠せないまま、私は質問を続けた。

じゃあ、お前が同棲していた彼女ってのも……。

「アイドルですよ。だから自分、マンションの出入りはめちゃくちゃ気を遣ってたんです。ファンの方々の夢を壊しちゃいけないですからね」

これまで私が取材した中でも、最高に後味の悪い怪談だった。

平和の森のさかさま女

ミツコさんは中野で八年ほど飲食店を営んでいた。

現在の店舗はさらに都心部へと移転したが、住まいは今でも中野エリアだ。

中野時代にミツコさん夫婦が営んでいた店は、駅の北口側。中野ブロードウェイから東に外れた、なかなかディープな商店街に位置していた。

そして当時住んでいたのは、中野駅よりも沼袋（ぬまぶくろ）駅に近いところだったという。つまり店から家に帰る途中に、平和の森公園沿いの道を通ることとなる。

その夜も、営業が終わりクローズ作業をこなした後、徒歩にて家を目指していた。

深夜二時過ぎである。平和の森にさしかかると、黒い木々が鬱蒼（うっそう）とそびえているのが見えた。

再整備された現在とは違い、当時の同公園は背の高い常緑樹が多く、昼なお暗い印象が強かった。そこに隠れていかがわしい行為に及ぶカップルも多かったという。そうした不審者を幽霊と勘違いする人もいたのだろう。かつてその敷地が「豊多摩刑務所」だったという歴史も手伝って、地元では有名な心霊スポットとして扱われていた。

……いつも不気味だよなあ、ここ……。

そう思いながら歩いていると、少し先の歩道に、奇妙なものが転がっていた。

人間。歩道に倒れている人間だ。しかし、ただ寝転んでいるのではない。

開脚された二本の足が、つま先の方を上に、宙に向かって突き出されているのだ。

映画『犬神家の一族』を連想させる、さかさまの体勢である。

普通に考えれば、深夜の路上での異様きわまりない光景だろう。

しかしミツコさんは、この時かなり疲れきっていた。

「……また酔っぱらいが寝てるわ」

自分の店で、したたかに酔いつぶれた客を数えきれないほど対応してきた慣れもあった。

このあたりの土地柄として、酔っぱらいが寝転んでいることも珍しくなかった。

特に介抱する必要など感じず、むしろ早足で女の脇を通り過ぎていく。

女はこちらに反応するでもなく、さかさまの体勢を身じろぎもさせなかった。

「……いや、でも」

自宅に近づくにつれ、違和感はどんどん大きくなっていった。

彼女の視力はけっしていい方ではなく、今は眼鏡を外している。あの道路も、都心部とは思えないほどの暗がりだ。

そのためかなり近づかなければ、細部のあちこちに気づけなかったのだが。

「でもあれ、めちゃくちゃ変な恰好だったよな……」

さかさまになった女の体は肩甲骨の付近だけで支えられているようだった。両手はあらぬ方向にバラバラに投げ出されている。

頭頂部を地面につけ、顔面はこちらに向いていた。しかし長い髪が垂れているので、その目鼻立ちは隠れてしまっている。

またその髪も、着ていた服も、めちゃくちゃに乱れているように見えた。

「大丈夫かな、あの人……本当にただ酔っ払ってるだけだったのかな」

とはいえ引き返す気にもならず、そのまま帰宅し、気がかりながらも寝床についた。

その日の深夜、というより零時を越えた翌日の明け方である。

いつものように中野の店から家まで帰宅する途中、例の平和の森公園脇の道にさしかかると。

昨日まで無かった立て看板が、道端に据え付けられていた。その冒頭には二日前の日付とともに、こう記されている。

「ここで女性が乗用車にひき逃げされる事件が起こりました、目撃された方を探しています　野方警察署」

看板の下には、花とペットボトルが供えられていた。昨日の今日というタイミングで供えものがあるということは、即死に近い状態だったのだろう。

ミツコさんの頭いっぱいに、先夜のさかさま女性の光景が浮かび上がった。

そして次のような疑念と想像も、ぐるぐると渦巻いていく。

……あれはもしかして、この事故の遺体だったのか？　轢かれた直後に私が出くわしたのか？　だからあんな、ありえない体勢で、髪も服もぐちゃぐちゃになってて、でも血なんかぜんぜん出てなかったけど、でも、あんな変な体勢ってことは骨はあちこち折れてたかもしれないし内臓もダメージ受けてたかもしれないし、でも、でも、あの時すぐに介抱したり救急車呼んでたら助かったかもしれないのに、でも。

……私が見過ごしたから、そのまま死んじゃった……？

思わず足がよろめいて、立て看板に手をつく。

その拍子に、二日前の日付の下の表記が、すぐ目の前に近づいた。

そこにあったのは「午後二十三時三十分頃」との時刻だった。

……だとすると。

自分があの女性を目撃した時刻より二時間半も前に、轢き逃げ事故が発生していたことになる。

夜遅くとはいえ、さすがに中野駅と沼袋駅の間の二車線道路である。二時間半ずっと人も車も通らず、誰一人として通報せずにいる事態など考えにくい。

だとすれば、むしろこう考える方がいいのではないか。

自分は、たった二時間半前に亡くなった人の、その死に姿を視(み)てしまったのだ、と。

ありえないことではない。なぜならこの時期、ミツコさんはたびたび「嫌なもの」を目撃していたからだ。

そのことについては、次項から詳しく述べていくことにしよう。

平和の森公園に遺る、旧刑務所のレンガ造りの正門。

中野駅

中野の黒い影

ミツコさんは沖縄出身、ノロの血をひく家の出身だ。

沖縄の霊能者にはノロとユタとの区別があるが、ノロはユタよりも家系が重視され、より公的な祭祀を司(つかさど)っていた。もちろん現在ではそうした役職は途絶えてしまっているのだが、ノロの血族には霊感に鋭い人々が多いといった認識はまだ根強い。

例えばミツコさんの一族の中でも、親戚の叔父さんは民間霊能者を生業としている。沖縄本島にて数々の相談に乗っている人物なのだという。

ただミツコさん自身はそうした能力を自覚したことはなく、「パチンコとポーカーがやけに強いくらいかな」といった程度だったのだが。

そんな彼女も、東京に出てきてからはたびたび「嫌なもの」を視てしまうようになった。先述の体験もその一つで、「嫌なもの」を視るかどうかは自分で制御することができない。

そのような苦しい時期が、八年にもわたって続いた。

キッカケは東京に上京したこと自体ではない。ミツコさんいわく「人の死にまつわるショッキングな出来事」が起きたタイミングが全てのキッカケだったという。

自分をストーキングしていた男性が、自殺してしまったのだ。

彼の死にいたるまで、そうとう波乱に満ちたトラブルがあったそうだ。しかし男性は一部業界で有名な人物だったので、ここではボカした情報すらも出す訳にはいかない。当時のネット掲示板にて、男性のファンたちが「女のせいで死んだ」とミツコさんを非難する声をあげていたことだけを記しておこう。

心底から疲れきったのと、身元がバレるのを防ぐため、ミツコさんは少し離れた町田市の店でアルバイトすることにした。

バイト先は、町田の商店街の沖縄料理屋。その店長も自分と同じ沖縄出身者で、母親がユタをしているという点でもミツコさんと似ていた。

店長は母親から強い霊感を受け継いでいるらしく、あと二年したら沖縄に帰って、ユタを継ぐ約束をしているそうだ。落ち込んでいたミツコさんを店長はよく気遣ってくれたのだが、同時に、その霊感による次のような忠告もたびたび告げていた。

「あなたはここにいない方がいい、うちの商店街はあなたと相性が悪い」

その町田の商店街には、羽田の穴守稲荷から勧進された鳥居が保存されていたという。

移動させれば祟ると恐れられた、羽田空港の大鳥居をご存知の方は多いだろう。羽田の穴守稲荷には戦時中まで、伏見稲荷の千本鳥居をはるかに超える数の鳥居が奉納されていた。しかし戦後、そのほぼ全てがＧＨＱによる羽田飛行場拡張工事にて破壊されてしまう。有名な大鳥居は生き残った一つだが、また別の鳥居も、町田の商店街に勧進・保存されている。その鳥居とミツコさんの相性が最悪なのだ、というのが店長の言い分だった。

「あなたは今、あんまり良くない状態だから。このままこの商店街にいると悪いものを呼び込んでしまうかもしれないよ」

とはいえ店のスタッフは全員、ミツコさんに暖かく接してくれた。閉店後にはバイト仲間たちが「パーッと飲み会して、嫌なこと忘れましょう」と誘ってくれることもしばしばだった。ミツコさんは下戸だが、彼らの誘いにはありがたく応じていたという。

ある日の閉店後、またバイト仲間たちで飲もうという企画が持ち上がった。

「ちょうど恩田川（おんだがわ）の桜並木が満開だから、花見がてら宴会しようよ」

深夜二時の河川敷に十人ほどが集まり、酒や食べ物を持ち寄って楽しむこととなった。ミツコさん以外のメンバーは酒が入ってすっかり上機嫌である。彼らの様子と夜桜の美しさで、久しぶりに心がほぐれていくのを感じていたのだが。

ふと恩田川の向こう岸に視線が飛んだ。川を挟んだもう一方の道に、人影が佇んでいるのだ。深夜なので真っ黒いシルエットにしか見えないが、大きな帽子をかぶり、自転車を押して歩いてる様子は見て取れる。

「こんな時間に桜を見に来る人、私たちの他にもいるんですねー」

思わずそう呟いたところ、メンバーたちは予想外の反応をした。

「は？　いなくない？」

「え、すぐ向こう側にほら、自転車を押してる人」

ミツコさんが主張しても、全員が「見えないよ」との返答。いくらアルコールが入っているとはいえ、十名もの人間が目視できないというのはおかしい。

「……そっか、見まちがえたのかな」

嫌な予感がしたものの、とにかく空気を乱さないよう、その場はごまかしておいた。

始発が出るタイミングで夜桜見物は解散となる。その時にはミツコさんもすっかり晴れ晴れとした気分で電車に乗り込み、中野の自宅マンションへ戻ることができた。

エントランスに入り、エレベーターの上りボタンを押す。ゆっくり下降してくる函を待ちながら、なにげなく視線を正面に向けた。エレベーターの扉は金属製で、鏡のように反射している。当然、そこにはミツコさんの姿が映っているのだが。

もう一つの人影が、自分のすぐ斜め後ろに立っていた。

それはひたすら真っ黒い、人のかたちをしたシルエットだった。真っ黒い帽子をかぶり、真っ黒い自転車のハンドルを真っ黒い両手で握っていた。

川原にいた、あの人影である。

――これは、やばい。

息を呑むミツコさんの前で、自分と人影を映した扉がゆっくり開く。姿は見えなくなったものの、すぐ後ろに濃厚な気配を感じる。

一瞬ためらったが、なにも知らない風を装いながら、ミツコさんはエレベーターに乗り込んだ。背後の気配もまた、自分とともに函の中に入ってきたのを感じる。

ゆっくり体を前に向きなおし、自階のボタンを押す。そうしている間もずっと、人影の気配はすぐ斜め後ろに張り付いている。ノロの家系に生まれたとはいえ、ここまで近く、濃密に、人ならざるものと接したのは初めてだった。

――これはもう、死ぬかもしれない。

そんな予感が強烈にはじけ、叫びだしそうになる。しかし取り乱したが最後、後ろの影はこちらが認識していることに気づき、なにをしてくるか分からない。

自階に着いた。自然な振る舞いを保ちつつエレベーターを出て、廊下を歩いていく。

――このまま部屋に入れれば……。

自分の歩調に合わせて、気配もぴったり背中に寄り添っている。視界の隅に黒い帽子のつばが見え隠れするほど近い。走り出したい恐怖を抑え、なんとかゆっくり歩を進める。

――玄関の中に入りさえすれば……。

なるべくいつも通りの動作で、鍵を差し込み解錠する。そして玄関ドアを薄く開いたところで、素早く体を中に滑り込ませた。その勢いのまま扉を閉じ、ふたたび鍵をかける。

どん！

と、向こう側から激しくドアが叩かれた。

どんどんどんどんどん！

苛立ちのこもったノックが続く。だがミツコさんにとって、これは逆に朗報でもあった。

――やっぱりだ。やっぱり玄関からこっちには入ってこられないんだ。

玄関の靴箱の上には、コップに入れた水と、小皿に盛った塩とが、それぞれ二つずつ置いてあった。

ノロの血をひく自分たち一族の、その中で最も強い力を持つ叔父さんが送ってくれたものだ。姪っ子の悲惨な状況を心配し、儀式による祈りをこめてくれた塩と水である。

これがあるから、あいつは絶対この部屋に入り込めない。

がんがんがんがんがん！

さらに激しく叩いてきたが、ミツコさんは無視を決め込んだ。部屋の奥に逃げ、照明を最大まで明るくし、気をそらすためテレビや雑誌に意識を向けた。

がんがんがんがんがんがんがん！

玄関ではずっと、乱暴なノックが鳴り響いている。

それでも太陽が高く昇り、部屋の中に陽が射してくるようになったところで、音は止み、気配も消えた。

もういなくなっただろうと思い、こっそり玄関を覗いてみたところ。

靴箱の上で、コップと皿が転がっていた。

もちろん水は全て流れ落ちており、ひっくりかえった小皿からは塩がまき散らされている。靴箱上の他のものは全く動いていないのに、だ。たとえあのノックの振動が伝わったのだとしても、小皿が半回転するはずはないだろう。

……以上が、ミツコさんの生きてきた中で最も怖ろしい体験だったという。

そしてこれをキッカケに、全く同じシルエットの黒い人影が、幾度となくミツコさんの前に姿を現すようになってしまったのだ。

中野の黒い影 二

「それは死神だ」

親戚の叔父さんは、ミツコさんにそう告げた。

沖縄に帰省した折、例の黒い影について相談してみたのだ。

先述の体験以降、ミツコさんはたびたび影と出くわしていた。もう自転車は持っていないが、大きな体、大きい帽子のシルエットから、いつも同じ存在であることは間違いない。

心が弱っている時、体が疲れた時、その黒い影が目の前に、あるいは少し遠くに現れる。

その度に腹の底から恐怖がせりあがり、体は震えて、まるで動けなくなってしまう。

しばらく我慢していれば影は消えてゆくが、その後きまって精神がさらに弱まり、肉体がさらに疲労していくのが分かる。

叔父さんの言う通り、あの影は自分を「死」へと導こうとしているのだろう。

「でも大丈夫だ」

叔父さんはしかし、明るい声でそう励ましてきた。

「これからすぐ、お前は大事な人に出会う。その人がいればなんとかなる。今は黒い影が見えて辛いかもしれないが、その人と会ってしばらくすれば、だんだん全部良くなっていく」

叔父さんにはその未来が視えるようだ。とはいえ楽観的で抽象的なことだけ告げられても、自分にはなんら心当たりがない。いったいどうすればと悩んでいたのだが……。

沖縄から中野に戻ってきた直後、ミツコさんはその人物に出会うことができた。

結論から述べると、それは現在も結婚している彼女の夫だったのだ。二人が出会った瞬間、これが叔父さんの言う「大事な人」なのだと、ミツコさんは即座に理解した。

ともに飲食業を志す二人は、そこからとんとん拍子で結婚にまで至り、中野にエスニック料理屋を出店することとなる。

その間も、黒い影はしばしば現れた。そのたびに恐ろしく感じ、体がかたまってしまうことは変わらない。しかし邂逅後の心や体の疲労については、以前よりずっとうまく対応できるようになってきた。

そのうちミツコさんは妊娠し、長女を出産する。

生まれて半年の娘を寝かしつけていたある日のこと。嫌な気配に顔を上げると、玄関先に例の黒い影が見えた。

娘が産まれてから初の出現だった。

それが見えた瞬間、今まで覚えたことのない感情の昂ぶりが起こった。

これまではひたすら怖い怖いと動けなくなっていただけだった。しかし今は違う。寝ている娘の顔がそこにあるからだ。

「琴ちゃんになんかしたらテメエぶっ殺すぞ！」

無意識に娘の名前を出し、そう怒鳴りつけていた。

その瞬間に影は消え去り、以降もう二度と、ミツコさんの前に現れなくなったのである。


「……その死神って、自殺した元恋人の怨霊だったんじゃないですか？」

体験談が一区切りついたところで、私はミツコさんにそう問いただしてみた。

「いや、違いますね」

ミツコさんは断言するようにそれを否定した。元恋人は繊細すぎるほど繊細な人間で、自分を攻撃するタイプではないはず、というのが理由だ。

もちろん私も故人を悪く捉えるのは不謹慎と思っている。しかし古今東西の怨霊譚を紐解いてみれば、生前の人間性とかけ離れた祟りをなすケースなど、よく聞くところではないだろうか？

「う〜ん、でも見た目もぜんぜん違いますし」

大柄な体格、大きな帽子という黒い影のシルエットは、元恋人とかけ離れている。

「なにより、そのシルエットが誰なのか、はっきりしてますから」

予想外の答えに私が首を傾げていると、ミツコさんはより正確に影の姿かたちを描写し始めた。

横にも縦にも広がっているが、肥満というよりガッシリとした体躯。帽子は特徴的なシルエットで、どう見てもシルクハットだと分かる。

「それ、うちの旦那そのままなんですよ」

彼女の夫は芸人の髭男爵・山田ルイ53世に顔体がそっくりな上、いつもシルクハットをかぶっている。ゲイの人たちに驚くほどモテるところも、やはり山田ルイ53世と共通しているのだという。

「え……？　ってことは、その死神の黒い影が旦那さんだった……って話になるじゃないですか。いったいどういうこと？」

混乱する私に、ミツコさんは説明を続けた。

沖縄で相談した折、親戚の叔父さんはこうもアドバイスしていた。

「死神は、お前の一番信頼すべき人間に似た姿で出てくる。でもそれはお前を騙すためだから、けっして心を許しちゃいけないよ」

これを逆に捉えれば、黒い影にそっくりの人間が現れれば、それこそが自分の最も信頼すべき「大事な人」となるはずだ。

ミツコさんの考えは、確かに大正解だった。

「大事な人」である夫との娘が産まれたことで、黒い影は姿を消した。夫婦で中野に出した店は成功をおさめ、現在では都心に数店舗を展開している。ほとんど外食をしない私ですら店名を知っているエスニック居酒屋チェーンだ。

現在その一号店は無くなっているが、会社事務所とミツコさん家族は、いまだ中野に居を構えている。

中野駅

新井の盛り塩実験

これも平和の森公園の近く、ミツコさんの体験談と同じ通り沿いの話である。

私が二十四歳から三十二歳で結婚するまで住んでいた中野区新井のアパートは、かつて政治犯を収容する刑務所だった「豊多摩刑務所」に近く、ときどき不気味なことの起こる場所でした。

そんな出だしのメッセージが、塚田さんという男性から、私宛てに届いた。

一連の「不気味なこと」とは、その部屋に住んでしばらく経った頃、やけに寝つきが悪くなってきたのが始まりだったという。

まず、それまでかかったことのない金縛りに頻繁にかかるようになる。結婚してアパートを引き払った後はいっさい金縛りに遭わなくなったので、体質より土地か物件の問題ではないか、と塚田さんは考えている。

また、飲み会の帰りに後輩を泊めることがよくあった。しかし泊めてあげた者たち全員が、朝になると口を揃えてこう告げてくるのである。

「怖い夢を見ちゃいましたよ」

どんな夢なのか尋ねると、これも皆がきまって「三つ子の出てくる夢でした」と言った後、口を閉ざすのだという。後輩たちが示し合わせて嘘をついているはずもないし、自分をからかっているのなら尻切れトンボに話を終わらせる意味が分からない。

「そして、これがいちばん不気味だったんですが」

いつからか、自室の玄関前に盛り塩が置かれるようになった。

……いったい誰がこんなことを……。

気味悪く思ったものの、大家がやっていることだとしたら、古株でもない自分は文句をつけにくい。そのまま放っておき、しばらく様子を見ることにした。

「というつもりだったんですけど、自分の不注意で、その盛り塩が無くなっちゃいまして」

酔っ払って帰宅した夜、小皿ごと思いきり蹴飛ばしてしまったのである。もちろん塩は廊下に撒き散らされ、ふっ飛んでいった小皿は粉々に砕け散った。

あちゃあ……と思ったものの、幸いアパート住人の誰にも目撃されていないようだ。高価なものでもないし、ダンマリを決め込むことにした。

こんな小皿と塩なんて、いくらでも替えがきくだろう……。

そんな予想に反し、翌日以降、新しい盛り塩が置かれることはなくなった。となると、これを置いた人間もそれほど拘（こだわ）りがある訳でもなさそうだ。

そう一安心したのも束の間。

翌週から、塚田さんはより明確な怪現象に見舞われるようになったのである。


蒸し暑い、熱帯夜のことだった。

エアコンを設置していない部屋だったので、唯一の暑さ対策は窓を開けっぱなしにすることだけ。とはいえ当夜は、その程度でしのげる暑さではなかった。

なにしろ寝床はロフトの上。風が直接には当たらないし、熱気は上へこもってしまう。

不用心かと思ったが、空気の循環をよくするため、窓と反対側の玄関ドアまで開け放すことにした。といっても防犯のためチェーンロックはかけたままだったが。

暑さはやや改善したものの、それでも上手く寝付けない。汗まみれになりつつ、ロフトの上で煩悶（はんもん）していた、その時。

ずっ、ずりっ……

玄関側から、重いものが擦（こす）れるような音が聞こえてきた。

ずずっ、ずずっ……

明らかにこの室内で響いている。足をひきずる音か、荷物を押しているのか、いずれにせよ人がたてる音には違いない。

……泥棒？　え、チェーンロックをかけ忘れたか……？

恐る恐る、ロフトベッドから頭だけを出して玄関側を覗き込んでみる。ただ細長いだけの1Kの部屋。その先はキッチンとユニットバスに挟まれた、小さな空間だったのだが。

ヒトガタのなにかが、そこに立っていた。

二メートルほどの大きな背丈。さらに両腕はアンバランスなまでに長く、手の先が床に届いている。

顔はいっさい見えない。背が高すぎて、ロフトの部屋とキッチンとを仕切る小壁に隠れてしまっているのだ。

暗いので服装は分からない。そもそもなにか着ているかどうかすら不明だ。

しかしともかく、「人間のようで人間じゃないもの」だとは確信した。

ずずっ、ずずずっ……。

それは、さらにこちらの方へと近づいてきた。

瞼をぎゅっと閉じ、眠ったふりをする。

目には見えないが、それが小壁をくぐるように部屋に入ってきたことが、音や気配や空気の流れから察せられる。

寝ている自分のすぐ横で、ぴたりと立ち止まったのも分かる。

そのままロフトベッドの柵に顎を乗せたことも、こちらの顔をじっと覗き込んでいることも分かる。

なにより、耳元に口を近づけてきたことだけは確実に分かる。

「うぇぅいあうえうおおあぁおいえ……」

そう、ブツブツと呟いてきたのだから。

——こいつ、女だ。

女の声だったのが、いっそう恐ろしかった。ただ言葉の内容は一つも聞き取れない。体の震えを抑え、とにかく瞼を閉じ続けた。

必死に耐えているうち、やがて気配は耳元から離れ、玄関と反対側の窓に向かった。

女は、そのまま窓の外へ抜け出していったのだろう。すうっと空気の質が変わった。

そこでようやく、目を開くことができた。

夢ではなかったはずだ。なにしろこの「大きな女」の訪問は、その後も続いたからだ。

もう玄関ドアを開け放して寝ることはしなかったが、気づくと玄関に、あるいは既に枕元に、女の気配がやってくる。

多い時には二日に一度の割合で、寝ている自分の元に現れる。夢ではないはずだ。いや、たとえそれら全てが夢だったとしても、もう精神的に耐えられそうにない。

「それ、お前が盛り塩を崩したのが原因なんじゃないか」

藁にもすがる思いで相談した友人は、そう指摘してきた。怪談や怪奇現象を調べるのが大好きな男で、当時から十年ほど経った現在ではライトノベル作家として活躍している人物だという。

「そう言われてもなあ……誰が置いたか分からんし、今さらどうすれば……」

「そいつが置き直してくれないなら、お前が新しく設置すればいいじゃないか」

友人のアドバイスどおり、今度は自分の手で用意した盛り塩を、部屋の前に供えてみた。すると怪現象がぴたりと止んだ。一週間以上経っても、あの大女が部屋にやってこなかったのだ。そこまで間が空いたのは、女の登場以来、初めてのことだった。

しかしある夜。

「おおおあぁうぅぅええおぉぉ……」

また寝ている自分の耳元に、女の意味不明の声が囁かれた。とても目を開けられないが、ロフトを覗き込む気配も以前と同じだと分かる。

……なんでだよ、もう効かねえのかよ、盛り塩……。

翌朝、さっそく玄関前を確認しにいったところで驚いた。

盛り塩がすっかり消えているではないか。代わりに小皿の中には、お猪口（ちょこ）一杯分ほどの水が入っている。

塩全体を溶かすほどの量ではない。あるいは塩をどこかに捨てた後、念入りに小皿を水ですすいだ痕跡なのかもしれない。

……いったい誰が、こんなことを……。

その後、自分で盛り塩を置き直してみると、やはり女はやってこなくなった。しかし今度は三日ほどでまた女の訪問が始まってしまった。朝になって玄関を確認すれば、やはりと言おうかまた盛り塩が消えており、小皿は少量の水で濡れていたのだった。

「それは霊的な現象かもしれない。でもアパートの誰かが勝手に掃除している、人為的なものの可能性もあるよな」

ふたたび友人に連絡すると、作家志望ならではの的確な考察をしてくれた。

「そうだな。大家が黙って洗ってるのかもしれない。あと向かいの部屋のおっさんも、毎朝アパート前を掃き掃除しているから、そのついでに片付けてしまってるのかも」

「まずそこを見極める必要があるな」

「俺から、大家と向かいのおっさんに聞いてみるか？」

「いや、特に大家なら、敵意でお前の盛り塩を撤去した可能性もある。理由は知らんが、勝手な盛り塩に怒っているのかも。そしたら『片付けてない』と嘘つかれるだろう」

「じゃあどうすんだよ」

さすが後のプロ作家、友人はここでも的確な手段を講じてくれた。

「まず普通の盛り塩を一つ、あと一つは砂糖を用意して同じものを作れ。盛り塩ならぬ盛り砂糖だ」

人間なら塩と砂糖の見分けはつかないので、両方とも片付けてしまうだろう。しかしその大女が塩を嫌うのなら、逆に砂糖には手をつけないはずだ。

「なるほど、と思いまして。さっそく友人の計画を実行してみたんです」

はたしてそれと同じ夜、大女が近づいてくる気配が感じ取られた。しかしその気配はいつもより薄く、玄関からこちらに入ってこられないようでもあった。

なんとかそれをやり過ごした翌朝、塚田さんが玄関ドアを開けてみたところ。

「いや、あれには驚きました」

塩の皿は水のみになっており、砂糖はまるまる残されていた。こんもりとした砂糖の小山に、ぞろぞろと蟻がたかっていたのだ。

「つまり人間じゃないものの仕業だったと……」

実験による見極めは成功したが、これはまた同時に「打つ手無し」と宣告されたも同然だ。人間なら現場を取り押さえられるかもしれないが、相手が霊では致し方ない。

もはや引っ越すしかないのか……と悩んでいた塚田さんだったが、嬉しい誤算が起こった。なぜか知らないが、この実験を境に女の訪問がぱたりと止んだのだ。

「部屋も立地も気に入っていたので、これで問題は解決だ、と嬉しくなって。結局そこから六年も住んでしまいましたね」

ただし、なぜ女の訪問が止んだかについては、一つだけ心当たりがある。

全く同じタイミングで、毎朝アパートの前を掃除していた向かいの住人の姿が見えなくなったのだ。

独居の中年男性で、家族はいない。塚田さんが塩と砂糖を盛った時、向かいの部屋のドアノブには蜜柑の入ったビニール袋がかかっていたのだが。

「それが一週間もずっとかけっぱなしになってまして。まあ旅行に出ているのかもしれないと思っていたのですが……」

土曜日の朝、玄関の向こうが騒がしくなって目を覚ました。ドアスコープから外を窺うと、数名の警察官が集まっているではないか。

「向かいのおじさん、突然死していたんです。蜜柑はまだドアノブにかかったままでした」

盛り塩・盛り砂糖の実験、向かいの部屋の男性の死、大女が姿を消したこと……。これら全てのタイミングは見事に一致している。

「おじさん、あの女に連れてかれちゃったのかな、とは思いますよ。それで女も満足したのかな、とはね……」

あるいは、こうも考えられる。今までと異なるイレギュラーな行動は、盛り塩ではなく、むしろ盛り砂糖の方だった。そこに原因があるのではないか、と。

大女は盛り塩も嫌っていたが、それは自ら撤去することもできた。しかし本当に苦手としたのは、盛り砂糖の方だったのではないか。それこそ塩と違って手をつけられないほど、もう塚田さんの部屋にいっさい近づけないほど、あの盛り砂糖を嫌ったのだとしたら。

その時点で、ターゲットを塚田さんから向かいの部屋に変更したのだとしたら……。

「ちょっと、やめてくださいよ」

憶測を述べる私に、塚田さんが口を差し挟んだ。

「それ、僕も思ったけど考えないようにしてるんですから……。寝覚めが悪いじゃないですか、だってそれってつまり……」

おじさん、僕のせいで死んじゃったってことですからね。

三鷹の雨の夜

三鷹駅近くのスーパーで買い物していたら、中年女性二人がひそひそ話し合っているところに出くわした。

他人のお喋りにいちいち聞き耳をたてるほど悪趣味ではないが、この時ばかりは断片的に流れてくる言葉に興味をそそられてしまったのだ。

「それ、お化けだったのよ、本当よ……」

お化け好きの悪い癖、野菜を品定めするフリをしながら、それとなく女性たちの横に張りついてみる。

こんな時のお喋りのよくあるパターン、一方が何度も聞き返し、一方がしつこいほど同じ内容を繰り返し、あちこち話が行きつ戻りつしていく。聞きづらいことこの上ないが、そのおかげで具体的な情報を細かく知られたのだから文句は言えない。

現場はやはり三鷹駅のほど近く。小さな商店街のファミリーマートから脇道に入った、住宅街の一角だ。自分も土地勘があるので、どこを指しているかはよく分かる。

「夜遅く、ファミマで買い物した後、その道に入っていったんだけど、ぜんぜん人通りが無くてね。ほらあそこって、もともと細い道が入り組んでるし、なんだか暗くてジメジメしているでしょう……」

確かにそうだ。大きな浄水場や玉川上水（たまがわじょうすい）が近いから水気が濃いというのもある。また長々と続く緑道も、夜はとっぷり薄暗い。北側にある武蔵野中央公園は、戦時中には中島飛行機の軍需工場だったので、三鷹駅までの貨物路線が敷かれていた。それを再利用したのが今の「グリーンパーク遊歩道」という、やけに細長い奇妙な緑地だ。

また中島飛行機の工場もたびたび空襲を受け、多くの犠牲者を出した場所。そのせいか武蔵野中央公園は今も心霊スポット扱いされて……おっと、さすがに話が逸れすぎた。

「またその夜は雨が降ってたから余計にね。誰もいないし暗いし湿気てるし……」

心細さのあまり、女性はついつい頭をうつむかせながら歩いていたそうだ。

前のめりになった傘の下から、雨粒の跳ねる黒いアスファルトだけが見える。

そこでふと、自分の前を歩く人がいることに気づいた。

あら、ようやく人がいたわ、と安堵する。

といっても自分の傘で視界が遮られている。見えるのは相手の膝から下の足と靴だけ。

ぽつぽつ、ひたひた。ぽつぽつ、ひたひた。

そのまましばらく、縦に並んで歩いていった。

傘に当たる雨音と、濡れた地面をゆく足音だけが響く。
ぽつぽつ、ひたひた。ぽつぽつ、ひたひた。
あれ、でも、なんでかしら。
この雨音と靴音、私の分しか聞こえてこないわよ？
ふと傘を上げて、前を見る。
自分の先をゆくものは、足から上が無かった。
膝から下の足二本、それらが履く靴だけが、雨の夜の道路を歩いている。
あっ、と驚いたとたん、足は消え去った。
「足だけのお化けだったのよ、本当よ……」
後ろからついてくる足音の怪ならよく聞くが、前をゆく足だけお化けとは珍しい。
買い物中に他人様の立ち話を立ち聞きしただけなので、細かい部分は分からず失敬。
なにかの見間違いだろう、などと思わないのもまた、お化け好きの悪い癖か。
怪談文化の書籍を発行している出版人Hさんが立ち聞きした、三鷹の雨の夜の話。

黒鐘公園の足音

「足」といえば、こんな話も聞いた。

当時、ヤマケンさんは、府中駅近くにてアルバイトをしていた。帰りはいつも夜中になるが、バイト先から実家（西国分寺と国立の間）まで、武蔵野線を使わず自転車で北上するのが常だった。

その途中、黒鐘公園の敷地を突っ切っていくことになるのだが。

「突然、足音が聞こえてきたんですよ」

ぺたーん、ぺたーん。

自転車にぴったり並走するかたちで、足音だけが寄り添ってくる。

「だからリズム的には、これは向こうも走っているなっていう速さで」

ぺたぺたん、ぺたぺたん。

音の主が見える訳ではない。公園内の坂道周辺は木々も少なく、かなり開けた風景である。それなのに、あたりを見渡しても人影一つ見当たらない。

「ただ、自分が走っている車道脇の歩道に、それがいるというのは分かるんです」

ぺたぺたぺたぺたぺたぺた。

こちらが必死になって自転車のスピードを上げると、向こうも合わせるように速度を上げる。それにつれて足音も大きく激しくなり、ニュアンスがより鮮明に伝わってくる。

……こいつ、「裸足（はだし）」だ。裸足で走っているじゃないか……。

恐怖で叫び出しそうになりながらも、なんとか公園を通り過ぎて、医療センターの脇に出る。すると公園の敷地が途切れた、まさにその境目で、

ぺた……。

足音はぴたりと止んだそうだ。

「出来事としてはこれだけなので、まあちょっとパンチが弱いじゃないですか。ただネットで調べてみたら、あの公園って殺人事件が起きている場所ではあるんですよね」

またヤマケンさんが読んだ個人サイトでは、「中央線と武蔵野線が十字に交差しているのが良くない」といった情報が記されていた。そのせいで、隣の病院で亡くなった患者の霊が外に出ていけないのだ、と。

「それは正直、ゾッとしましたね。だってほら、手術中に死んだ患者さんだったら辻褄が合うじゃないですか。なんで裸足のままだったのか、という辻褄が」

確かに複数の鉄道が十字に交差する土地では、不思議な体験談がよく収集される。

武蔵野線をずっと北上した新秋津(しんあきつ)駅と西武池袋線・秋津駅の交差ポイントもそうだ。

「秋津・新秋津」にまつわる異世界譚は、私が各所で発表しているため聞き及んだ読者も多いだろう。まあこれは「武蔵野線怪談」になってしまうので、いったん脇に置いておくとして。

「そういえば黒鐘公園って、昔は尼寺(あまでら)だったじゃないですか」

私はヤマケンさんにそう伝えた。奈良時代、聖武天皇の詔(みことのり)によって全国に建立された国分寺。中央線の「国分寺」もまた武蔵国分寺が地名の由来となっている。

黒鐘公園もそのうちの一つ、国分尼寺(こくぶんにじ)があった土地なのだ。

「すごく昔の尼さんだったら、やっぱり裸足で走りそうな気もしますね」

「ああ、なるほどそっちは全然考えてなかったですが」

確かに尼さんも裸足っぽいですよねえ……とヤマケンさん。

フルスピードの自転車と並走していたのは手術着の入院患者だったのか、奈良時代の尼さんだったのか。

いずれにせよその姿が見えていたら、ずいぶん異様な光景だったに違いない。

西国分寺駅〜国立駅

西国分寺〜国立の草原の家

「明晰夢ってあるじゃないですか、夢を見ながらこれは夢なんだなーってわかる状態。でも、それとも違うんですよね明らかに」

ヤマケンさんは高校の時に国分寺市へと引っ越し、大人になった今でも実家近くに住んでいる。もちろん日常的に使う交通手段は中央線だ。

「会社の帰り、座れたらそのまま寝ちゃうんですけど。ある時からですね。決まって同じ夢を見るんですよ。いやこれは夢じゃないかもしれない、と自分では思うんですけど」

その日も、座席についたヤマケンさんは目を閉じて眠りにつこうとした。中央線のひたすら直線に延びた線路を、列車はまっすぐ西に進んでいく。

そのうち武蔵境駅を過ぎたことを覚えている。ということはつまり、その時まだ睡眠状態に落ちていなかったはずなのだ。

「起きてるんですよ、意識はそのまま。それで感じたんです。『眩しいなあ』って。瞼の上からライトで照らされているような。まあでも電車内なので、照明がチラチラすることもありうるのかな、と」

さほど気にしないで、寝ようと思いながら目を閉じ続ける。しかし瞼の上からの光はなおも消えず、自分を照らし続けている。

そうこうするうち、光が上に移動していった気がした。さきほどより距離をとって、こちらの頭上へと動いた感覚があったのだ。

「『あれ？』と思って。電車の照明ならそんな動きかたするはずないじゃないですか。さすがにおかしいぞと目を開くと」

自分の周りが闇に沈んでいた。今まさに乗っているはずの中央線の車内も、すぐそばに大量にいた乗客たちも、全くもって消え去っていたのだ。

ただし、完全なる暗闇ではない。頭上の先にだけ丸い光の輪があった。おそらく先ほどまで自分の瞼を照らしていた光だ。

「そしたら、上にある光に向かって、だんだん自分が昇っていくんですよ。『あれ、あれれ』と思ううちに、頭がすっぽり光の輪の中に入ってしまって」

そこで気がついた。この光の輪は、今いる暗闇から外部へと通じる穴だったのだ、と。

「ひょこっと頭だけが外に出て、周りに明るい風景が広がっているのが見えたんです」

そこは広々とした草原だった。どこかの丘なのだろうか、ほとんどなにも遮るものがなく、上には大きな青空、下には丈の低い緑の草原がずっと続いている。

「『なんなんだ！』と驚きながらも、じいっと目を凝らして遠くまで眺めてみたんです」

そこで草原の奥に林があるのに気づいた。その林から建物の一角が見えていることも。全体が白い、おそらく真四角だろう建物の向かって左側の部分が、雑木林から覗いている。絶対にこれまで見た覚えがないのに、どこか懐かしくも感じる、不思議な建物だった。

もっとよく見ようと、目に力を入れたとたん。

「ファッ、と瞼を開けてしまったんです。変な言い方ですが、そもそも目を開いてるのに、さらにもう一度目を開けてしまったというか」

そのとたん、中央線のシートに元どおり座っている自分がいた。列車は折しも、自宅最寄りの国立駅に到着せんとするところだった。

「あれってなんだったんだろう？　自分はなにを見たんだろう？　それが夢なのかどうか分からず、混乱してしまったんですが」

この夢かどうか不分明な現象は、その後も起こった。

やはり会社帰り、ほぼ同じ時刻の列車に乗っていると、武蔵境駅を過ぎたあたりで瞼の上に光がやってくる。

そして自分では眠っている意識のないまま目を開くと。

あの暗闇の中に自分がいる。上方の光から顔を出すと、周りにあの草原が広がっている。

林の向こうに、あの白くて四角い建物がある。

ここでもう一度、目が覚める。自分は中央線の車中に戻っている。

やはりそこは、国立駅の手前なのである。

「つまり時間も同じ、場所も同じ、いつも国立方面に向かう電車の、西国分寺駅に差しかかるあたりで、そこに迷い込んでしまうんです。ほら、例の武蔵野線と中央線が十字に交差するポイントです」

いったいあの草原はどこにあるのか。日本ではなく外国のどこかなのかもしれない。いずれにせよ、ヤマケンさんにはいっさい心当たりのない風景だ。

ただ、二度目に同じ風景と出くわした時、ヤマケンさんは、

「なんか嬉しくなっちゃって。『またここだー、ここに来れたー』と思っちゃって」

そこから「目覚めた」後も、またあの風景を見たく思ってしまっている。いや、気持ちとしては、見るだけで済まなくなってしまっている。

もしかしたら、あちら側に行けるのではないか。次にまた暗闇から顔を出した時、もっと頑張って光の輪から体ごと抜け出せば。

「よいしょ、って両手で登って穴から身を乗り出せば、あちら側に行けるんじゃないか、と思うんですよ」

そして草原を足で踏むこともできるのではないか。草を踏みしめながら雑木林まで走り、あの白い建物の中に入ることもできるのではないか。

次回はそれを試してみたいと思う。これまでそうしなかったことを悔やんでいるほどだ。もちろん、そんな行動を起こせばどうなってしまうか、なんら想像しない訳ではない。

それでも穴から出て、あの草原を走りたい。

あの四角くて白い建物まで、ずっと、ずっと。

「そしたら僕、もう帰ってこられないかもしれませんけどね」

立川の盛り上がる校庭

甲斐さんの通った高校は立川にあった。

その敷地はもともと、立川飛行場という軍事施設だったらしい。戦時中までは旧日本軍が、戦後からは米軍が飛行場として使っていた。

だからなのだ、と人々は言う。

だから、この学校の校庭には、どうしても盛り上がってしまう部分があるのだ。

だから、校庭のあの部分は、どんなに整地して均（なら）しても、すぐ小山に戻ってしまうのだ。

その理由は、立川飛行場だったからなのだ。

人々はそう説明する。

実際、甲斐さんも私に向かって、そのような前置きで語りだした。

私の母校は、立川飛行場の跡地に建てられました。

私が高校生だった頃、もう三十五年も前です。

野球部が毎日コンダラやトンボで地面を平らに均していたんですが。

その後すぐ土が盛り上がり、ちょっとした小山になってしまうのだそうです。

野球部の友人は「キリがない」とよく嘆いていました。

すぐ土が盛り上がる場所は校舎側でなく、野球場の外野の方です。

そこは戦時中、遺体を埋めた場所だと言われていました。


以上、甲斐さんから送られてきたメールを（整地ローラーを「コンダラ」の俗称で呼んでいる点も含め）あまり改変せずに引用した。

校名は伏せるが、どこの学校かも教えてもらった。これらの記述を照らし合わせると、すぐ土が盛り上がるポイントというのは野球グラウンドの内部にある。また「校舎側でなく」との説明から、それがライト側の外野であるように察せられる。

甲斐さんが聞いた噂でも、「戦時中、遺体を埋めた場所」だから、そこが不思議と盛り上がってしまうのだと説明されている。

しかしこの「戦時中」とは、いったいいつを指しているのだろうか？

素直に考えれば、それは太平洋戦争のことだ。

いわゆる「立川空襲」はこの飛行場を標的の一つとしていた。周辺の民間人も多くが犠牲となったし、飛行場内で死者が出た可能性は大いにある。

さすがに敷地内に遺体を埋めたままにした……といった事実は皆無だろうが、噂の元となったとしてもおかしくない。

ただ私は、また別の「戦時中」を指している可能性もあるのではないか、と推察する。ベトナム戦争だ。

この戦争において米軍は当初、立川基地をベトナムへの輸送基地として使っていた。戦争後期には横田基地にその機能が移転されるが、立川飛行場とベトナムの戦場とが直接繋がっていた時期は、確かに存在していたのだ。

そして輸送とは往きだけでなく、還りもある。

ベトナムから立川へと、戦死した米兵の遺体が運ばれてくる。その遺体を洗浄すれば、日給一万円のアルバイトとなる。

いわゆる「死体洗いのアルバイト」が、立川基地で募集されていたという。

この話もまた、怪談もしくは都市伝説めいた噂として扱われる。

さすがに後年の「ホルマリン漬けの死体洗い」までいくと、もはや事実無根の都市伝説と断定してよいだろう。しかし立川基地や横田基地の死体洗浄アルバイトについては、多くの人がその募集自体は実在したと証言しており、一概に虚偽とも言い切れない。※1
少なくとも、横田基地よりも数年ほど先立って、当時の立川市民が「死体洗いのアルバイト」の噂をしていたことは確かなようだ。

そして一九七〇年代、米軍立川基地が返還された後、同地に学校が建てられる。

当時の立川市民にしてみれば、その土地と「死体」が結び付く記憶は、二種類あったのではないだろうか。

立川空襲とベトナム戦争という、二つの時代の記憶が。

だから、その場所では土が盛り上がってしまうのだ。

人々はそう噂した。

いくら土で覆い隠し、平らに均そうとしても。

そこに埋められた死人の分だけ、必ずこちら側に盛り上がってしまうのだ、と。

※1　imidas二〇一八年一月十五日記事『伊勢崎賢治・布施祐仁に聞く「日米地位協定と主権なき日本」』など。

八王子駅

南浅川の空を飛ばせてくれるおじさん

——今年の正月、私たち家族は兄の家に集まりました。

親戚一同、昼から酒を飲みつつおしゃべりしているうち、なにげないことを思い出したのです。

確か怪談作家の川奈まり子先生が「ヤンチャな人は怪談を持っている」と仰（おっしゃ）っていたなあ、と。

なにしろ兄は八王子生まれ八王子育ち、また八王子市の中でも田舎の方ですから、若い頃はそうとうヤンチャな不良少年でした。大人になった今では八王子で外壁塗装や工事、リフォームの会社を運営していますけれども。

そこで兄に、なにか不思議な体験していないかと聞いてみたところ、こんな話を語り出したのです。

「そういえば俺、小さい頃に空を飛んだことあるな」

四十代後半の兄が保育園に通っていた頃だそうです。

ある日、同じクラスの女の子が、「昨日空を飛んだ」と興奮ぎみに兄に伝えてきました。

「変なおじさんに声をかけられて、〝空、飛びたい?〟って聞かれて、うんって言ったら、空を飛べたんだ」

なにしろ昔のことですし八王子のことですから、その保育園は行き帰りに親との同伴なんていらなかったんですね。私も兄も園児たちは皆、一人で登園していました。

そういう土地柄ですから、幼児に絡んでくるようなおかしな大人たち、ありていに言って変質者もたくさんいました。もう普通に昼日中から、街をうろついていました。

女の子が会ったおじさんも、そのうちの一人だったのでしょう。

さて数日後、兄はいつものように一人で保育園に向かっていました。

途中、駄菓子屋で小さなパックジュースを買って飲みながら歩いていたそうです。

ふと気づくと、向こうの道の端に、中年らしき男が立っていました。

こちらにじっと視線を投げてくる男に、兄も目を合わせたところ。

「空、飛びたい?」

男がそう尋ねてきました。

あれだ、と兄は思いました。あの子が言ってたやつだ、と。

「うん!」

兄が即答すると、男はすっと近づいてきました。

その後、男がなにをしてきたのか。兄は全く覚えていないそうです。他の情景はすごく鮮明に思い出せるのに、なぜかその数秒か数分だけ、ぽっかり記憶から抜けている。

とにかく兄は、気づくと空を飛んでいたのです。

「いや飛ぶっていうよりも……浮かんでた」

兄は目をつむりながら、その時のことを思い出していました。

三十センチか四十センチくらい、地面からふわふわ浮いていたのだ、と。

そしてそのまま浮かびながら保育園に向かったのだ、と。

私としては中年男が小さな幼児に「空、飛びたい？」と声をかける状況の方が怖すぎる

……と思いましたが。

「絶対に夢じゃない。あれは本当に現実だった」

兄は繰り返し繰り返し、そう強調していました——。

つい先日、小梅さんという女性から取材した、彼女の兄の体験談である。

この話に接した時、私の中で強烈な既視感が閃いた。

そこで彼女ら兄妹が通った保育園の詳しい住所を聞いてみたところ。

直感は当たっていた。そこは私の生まれたエリアとほぼ同じ地区だったのだ。

拙著『怪の残滓』所収「窓から首ひょこひょこ女」でも触れたが、私は産まれてから数年間、西八王子と高尾の中間にある某巨大団地にて育っている。

有名WEBサイト『東京DEEP案内』にて「都心の貧困層を隔離したマンモス都営住宅群」「スラム対策で貧困層が移住した団地」と紹介されている団地だ。

そんな土地柄のせいだろうか。確かに小梅さんの言う通り、「変なおじさん」がゾンビのようにうろついていた光景は、幼な心に刻まれている。

特に記憶に残っているのは、昼間から酒瓶を片手に徘徊していたアル中男だ。なぜなら私が保育園児の頃、その男に危害をくわえられたからである。すれ違いざま、なんの理由もなしに、左の頬をしたたかに殴られたのだ。

転倒の仕方が悪ければ死んでいたのだから……というか幼児に強烈な暴行をくわえた時点で警察沙汰にしない方がおかしい。今となってはそう考えるのが常識だが、当時、私の両親は特にこれを問題視する気配すらなかった。それどころか、

「そういう時はちゃんと『やめてください！』って怒らなきゃダメだぞ」

逆に私の方が叱りつけられたのである。

ただし私が抱いた既視感は、そうした「変なおじさん」が多かったという思い出だけではない。もっと精密に、具体的に、「空を飛ばせてくれるおじさん」という存在に覚えがあっ

たのだ。

私が通っていた保育園は、その団地の敷地内にあった。

小梅さんら兄妹の保育園（私はその園の名前も覚えていた）はまた別施設だが、南浅川（みなみあさかわ）という小さな川を渡ってすぐの対岸沿いだ。子どもの足でも数分ほどの距離しかない。

そしてお兄さんは私より五歳ほど上だという。とはいえ年長クラスの時の出来事らしいので、ゼロ歳児から登園していた私との「保育園時代」のタイムラグはあまりないだろう。

そう、確かに私の保育園でも、「空を飛ばせてくれるおじさん」がいるという噂があったように思う。

今回、三歳上の私の姉にも取材内容について訊ねてみた。すると姉からも「ぼんやりした記憶」ではあるが、この内容の噂に聞き覚えがある、「絶対に初めて聞いた話じゃない」との回答が返ってきた。

いや、もちろん子どもたちの間で奇妙な噂が蔓延するのはよくあることだ。

ストレートな実話怪談ではなく都市伝説の類。一九八〇年代前半の西八王子～高尾エリアにてそうした噂が流行っただけ。ただそれだけの特筆すべき事態ではないとも言えよう。

またこうも考えられる。

確かに「空を飛ばせてくれるおじさん」の噂のモデルとなった男は実在したかもしれな

い。ただ彼は超自然的な存在ではなく、怪しげな薬物によって幼児に悪戯(いたずら)を行っていた変質者だった。被害児童は意識朦朧(もうろう)とさせられた体験を「宙に浮かんだ」と錯覚しているのかもしれない……。

これはこれで、また別の意味で恐ろしい話である。

しかし私には記憶があるのだ。

「空を飛ばせてくれるおじさん」の噂を、子ども同士で囁いた思い出が。

そして昔から今に至るまで、時おり見る夢、ふとした拍子で脳裏をよぎる情景もまた、存在するのだ。

昼日中、あの広大なマンモス団地にいる自分。そこをふわふわと浮かびながら、空中散歩を楽しんでいる。そんな情景が……。

高尾の缶詰UFO

これも私の実家のすぐ近くの出来事だ。

例のマンモス団地を引っ越した吉田家は、高尾駅北側のニュータウンに居を構えた。駅から家までの途中には、八王子霊園の前を通ることとなる。八王子霊園・正門前の電話ボックスといえば、かなり有名な心霊スポットだ。毎年夏になれば、テレビ朝日『トゥナイト2』のロケ車で北野誠さんが取材に来ていたのを覚えている。

同番組での霊能者の霊視によれば、ボックス内には「首の長い女の霊」が立っており、ボックス外周では「赤子の霊」が這いまわっているという。ただ幸か不幸か、私はその電話ボックスの前を千回以上は行き来したのに、いっさい怪現象に出くわしていない。

しかし今回、同じ八王子霊園前の道路での体験談を採取できた。体験者は、やはり私の生まれたマンモス団地出身の律子さん。十数年前のことだという。

ある晴れた昼間、律子さんは一人で車を走らせていた。

都道六十一号線を北に向かっているうち、八王子霊園の前を通り過ぎる。

道幅が広く、緑鮮やかな並木が続く道路だ。左右は広大な霊園に挟まれ、建物といえばせいぜい墓石屋が点在しているだけ。

「あ〜空が広くて気持ちいいな〜」

信号待ちをしながら、律子さんは上機嫌でフロントガラスの向こうの空を見上げた。

すると、上空を浮遊する、「キラキラ」とした不審な光が目に入った。しかも「キラキラ」の反射が眩しく感じるということは、それほど高いところを飛んでいないはずだ。

「え⁉ 見ちゃった⁉ 初UFO!」

オカルト好きの律子さんは、運転席でテンションをぶち上げた。思わず身を乗り出し、目が「キラキラ」に釘付けとなる。そのとたん、光る物体は「くるくるくるくる」と回転し始めた上、かなりの速度でこちらに近づいてくるではないか。

「やばいやばい!」

ハイテンションとなった脳内を、一瞬で様々な思考が駆け巡る。

これ、私さらわれちゃうパターンじゃん! アブダクションされて改造されちゃう? 逃げた方がいい? でもいきなり車Uターンしたら危ないし!

——それよりなにより、UFOから目を離しちゃいけない!

ああ、これが走馬灯が走るというやつか……そう思った次の瞬間。

ガーン！

すさまじい音とともに、なにかが目の前で弾けた。

正確に言えば、車のフロントガラスに小ぶりな物体が直撃したのだ。

物体はそのままボンネットにもう一度バウンドし、地面へと落下。

コロコロコロ……と道路を転がっていったのだが。

その様子を目で追った律子さんは、思わずこう叫んだ。

「えッ⁉　鯖缶⁉」

円柱をやや平たくしたフォルム。銀色に光る金属の質感。手のひらに収まるサイズ。

パッケージこそ無いものの、鯖の缶詰そっくりだった。

そこで信号が変わってしまったため、やむなく車を発進。すぐにUターンして現場に舞い戻ったのだが。

あの鯖缶は、どこにも見当たらなかった。

納得いかない律子さんは、その場で友人に電話し、事の次第を熱弁した。

「あはは〜、律子ちゃんって本当に面白いこと思いつくね〜」

しかし友人はこちらの言い分を一ミリも信じない。

「違う！　本当だってば！」と声を荒げても暖簾に腕押しで。

「うんうん分かった分かった～。じゃあ鴉（からす）の落とし物かな～」

「鴉いなかった！　そもそも上から落ちてきてないから！」

あの「鯖缶」は、まず向こうの空を「キラキラ」浮遊してから、やおら「くるくるくるくる」と回転しだし、斜めに飛行してこちらに向かってきた。鴉が物を落としたとして、そんな軌道を描く訳がない。

「そうだ！　ボンネット！」

あれだけの勢いでぶつかったのだから、ボンネットが傷ついているはずだ。

運転席から飛び出した律子さんが確認すると、はたして。

ボンネットの該当箇所には、円を描いたへこみが残されていた。円形の硬い物体が、それなりの速度でぶつかった痕跡だ。

「ほら！　この跡を見ればさすがに信じるでしょ！」

そう勝ち誇り、指で触ったとたん。

すうっ……とへこみが消失した。

あれほど明確な傷跡が、一瞬できれいさっぱり消えてしまったのである。

まるで微（かす）かな砂埃（すなぼこり）が拭われるように。

あるいは「いっさいの物的証拠を残してはいけない」といった意志を感じさせるように。

南浅川の窓の外

やはり南浅川沿いの話となる。

このエリアに「窓から首ひょこひょこ女」という、窓の外から家を覗く女の噂があることは、私が再三指摘しているとおり。噂の出どころは二〇一九〜二〇年、5ちゃんねる・なんでも実況（ジュピター）板＝通称「なんJ」。その後、興味を持った私がずっと情報収集をしているという流れだ。

ここでは、最近寄せられた体験談を一つ紹介しよう。

爪子さんの実家は、高尾駅と西八王子駅のちょうど真ん中の南浅川沿い。私の生まれたマンモス団地を下から見上げるポイントらしいので、小梅さんの家のすぐ近くとなる。

今から三十年程前、爪子さんが小学校高学年くらいの時期。

当時、学校でいじめを受けていた爪子さんは毎日を憂鬱に過ごしていた。

……明日は学校に行きたくないなあ……。

自室のベッドで横になっても、翌日のことを考えると寝るに寝つけない。

またその夜は特別に寝苦しく、なんだか呼吸もし辛くなった気がして、うんうんと唸りながらベッドの上を転がっていた。

そこでふと、枕の上の窓に異様な気配を感じた。見上げれば、ガラスのすぐ外に、誰かが立っているような人影。しかしここは二階の角部屋だ。そんなはずがない。

ぎゅうっと目をつぶって布団をかぶる。すると耳元で、女の低い声が囁いた。

「かわってあげようか？」

目覚めると朝になっていた。

……悪い夢を見たのかな……。

そう思って枕の上の窓へ目をやると、朝日を受けたガラスに、くっきりと五つの白い線が浮かんでいた。四つは少し段違いの横並びに、もう一つはそれらの下側に。

人の手の、五本の指だ。その跡が横一線になすりつけられている。

まるで誰かが、外から窓を開けようとしたかのように。

「これもまた変則的な〝窓から首ひょこひょこ女〟ではないかと思ったので、吉田さんにお知らせしておきます」

爪子さんからのメールは、そう締めくくられていた。

八王子駅

八王子のいないいない

八王子駅近くのマンションでの出来事だという。

秋山さんは、そこの五階の角部屋に住んでいた。

男の一人暮らしだが、部屋はそれなりに清潔に保っている。タバコを喫うのもいちいちベランダに出て、室内を汚さないようにこころがけていた。

その夜も、いつものようにベランダの手すりに腕をつき、タバコをふかしていたところ。

……いないいないいない……ばあ……

どこからともなく、そんな女性の声が聞こえてきた。

夜中なのに大変だなあ、今でもああやって昔ながらのやり方で、赤ちゃんをあやすものなんだな。

そう思いつつ、下の道路に目を落とすが、誰の姿も見当たらない。

……いなあい、いなあい、ばあ〜

また聞こえた。やけにはっきりした声だから、真下あたりにいるように感じるのだけど。

マンションをざっと見渡してみたが、ベランダに立っている人も、窓が開いている部屋も見当たらない。

まあ、いいや。

タバコを喫い終わったので、窓を開け、自分の部屋へ入っていく。

「ばあ～」

そこで、全く同じ女性の声が響いた。

えっ、と周囲を見渡した。

ベランダで聞こえた声よりも、さらに大きく、はっきり聞こえたからだ。

なんだろう、隣の部屋の人がしゃべってるのか？　このマンションで音漏れしたことなんかないし、隣だって男の一人住まいのはずだけど……。

いやいや、そもそも声がしたのは隣室ではなく、逆の方向だ。ここは角部屋なので、反対側は外に面した出窓になる。つまり五階の空中に。

「いなあい……」

でも、ほら、やはり出窓の方から聞こえてくる。

そちらへ顔を向けてみると。

「いなあい……」

窓の外、左上の方から、さかさまの女がひょこりと飛び出した。

ちりちりに波うった長いソバージュの髪の毛が、だらんと斜め下に垂れている。

窓枠内に出ているのは胸から先だけ。それでも真っ赤なスーツを着ているのが分かる。

またその顔は、二つの手のひらで覆い隠されていたのだが。


ばあああっ!!


両手が横に開かれ、厚化粧の、白目をむいた、舌をペロリと出した顔があらわれた。

そしてすぐ、するり、と左上へ引っこんだ。


そんなことがあって以来、出窓のこちら側にはずっと、厚い布をかけっぱなしにしているのだという。

もちろん夜中に、窓の外が見えないようにするためだ。

これもまた八王子の「窓から首ひょこひょこ女」の一種なのだろうか。

国立駅～立川駅　西八王子駅　武蔵小金井駅

失われゆく踏切

このところ、都市から失われゆく風景がある。社会や技術の変化により、いつのまにか消えてゆく街中のモチーフ。例えば「電話ボックス」「給水塔」、昔ながらの「低層団地」。そして「踏切」だ。

安全のため、往来をスムーズにするため、踏切を廃止しての立体交差化があちこちで進んでいる。

これまで我々は踏切に入り、やむなく線路を横切っていた。しかし社会が成熟するにつれ、そこは可能であれば人が立ち入るべき場所ではないと見なされていく。

猛スピードで目の前をゆく列車、しばしば事故や自殺の現場となる踏切には、誰しも濃厚な「死」の危険を感じとるはずだ。

踏切とはまた、立ち止まってはいけない場でもある。

いそいそと通過するだけの、どこでもない境界線。そこに立ち止まることはすなわち「死」を意味する。本当に列車に轢かれて死ぬかどうかはともかく、踏切内で停止し動かない人間や車を見かければ、誰しも「死」を連想せざるをえないはずだ。

ＪＲ中央線は、昔から人身事故が多いことで知られている。

その理由については「車両のオレンジ色が人を惹きつける」「陰鬱な発車メロディが死にたくさせる」などオカルチックな噂がさんざん囁かれた。しかし単純に、長い直線の線路と、高架ではなく踏切が多かったことが最大要因だろう。

一九八〇年に生まれてからずっと中央線沿線で生活してきた私・吉田にとっても、それは大きな実感としてある。二十世紀中、特にバブル崩壊後は当たり前のように人身事故による遅延が繰り返されていたし、あのアナウンスを聞かない日の方がむしろ珍しかった。

「線路内に人が立ち入ったため、しばらく停車いたします……」

「お客様」ではなく「人」と呼ぶのはつまり、駅構内の利用客ではなく、閉じた踏切から線路に侵入したもの、そこで立ち止まったものを指しているそうだ。

中でも事故多発スポットは「魔の踏切」と呼ばれ、一つや二つどころか複数個所が沿線に点在していた。最も有名なのは国立駅～立川駅間にある二箇所の「N踏切」だろう。稲川淳二さんの怪談『魔界の踏切』の舞台になっているのは、そのどちらかのはずだ。

私個人が思い出深いのは、西八王子と武蔵小金井にかつてあった踏切である。現在どちらも姿を消しているが、実家が高尾駅、高校が武蔵小金井駅を最寄りとしていた私は、この二つの踏切を鮮明に記憶している。そこにまつわる、怪異の噂もふくめて。

西八王子の踏切については、こんな話が伝わっている。

自殺の名所だったこの踏切で、一人の男が電車に飛び込んだ。衝撃で体がバラバラになるという悲惨な死に方だったが、なぜか頭部だけがどこにも見当たらない。

後日、それは線路脇の高校のプールにて発見された。

切断された勢いで飛んできた生首が、ぷかぷかと水上に浮かんでいたのである。

それからというもの、水泳中の生徒が溺れるなどの怪現象が続出したため、プールは撤去されてしまった。だから同校では、いまだにプールが設置されないままなのだという。

一九八〇年生まれの私が物心つく頃には囁かれていた、八王子市民なら誰もが知るメジャーな怪談……というより都市伝説である。

これほどの事故なら（昔はコンプラも緩かったのだから）新聞雑誌でさんざん報道されたはずだが、それらしき記録は見つからない。踏切で事故が多発していたこと、その学校にプールがないことは事実だが、当該エピソードは事実無根のデマに過ぎないだろう。

現在では跨線橋（こせんきょう）がかけられ、往時のような事故・自殺は解消された。最近、私も現場を訪れてみたが、やけに長く緩やかなスロープが印象的な橋だった。手すり上部も金網ではなく、とっかかりのないボードが嵌（は）めこまれている。「絶対に飛び込ませないぞ」という意志を感じさせる造りだ。

「ほら、線路の奥をよく見てください」

スロープから下の道路に戻ったところで、乗ってきたタクシーの運転手さんから声をかけられた。薄闇に目をこらすと、線路の向こうに、かつての踏切の残骸がひっそりと佇んでいるではないか。

「深夜になると、あそこに首の無い人影がぼうっと立っている、なんて噂がありますね」

なるほど、現在のロケーションに合わせて、怪談も更新されているようだ。ただしひどくおぼろげな、まさにぼんやりした人影のような、記憶の残り香めいた怪談ではあるが。


武蔵小金井駅に隣接した踏切もまた、人身事故が多発する場所だった。先述通り私の高校の最寄り駅で、通学の途中、同級生や通行人から注意されたことが何度もある。

「今、人が轢かれたばかりだから、あそこの踏切に行かない方がいいよ」

もっともそこは日本有数の「開かずの踏切」だったので、自殺ではなく、うっかり線路内に取り残されてしまった事故が多かったのかもしれない。

「武蔵小金井と東小金井駅の間で『人魂』を見たことがあります。地上数メートル位の樹木の中をヒョロヒョロ飛んでいました！」

とは、超常現象研究家の宮本一聖さんが私に宛てて送ってくれたTwitterのリプライだ。
彼の著書『未確認動物調査日記』の記述によれば以下の通り。
「一九八〇年代前半頃だが、人魂と思われるものを肉眼で見たことがある。電車の中から外の風景を何気なく見ていたら、5メートルか10メートル位の高い木の上部に青白い尾を引く発光体を目撃した」※1
中央線の車内に乗っている最中の目撃談なので、まさに「中央線怪談」である。

このあたりの線路の怪談については、武蔵境から三鷹駅の間まで含めた広いエリアに分布していたようだ。

武蔵境駅の近くにあった踏切は高架化されるまで「おいでおいでの踏切」と呼ばれていた。西寄りの大きな踏切も開かずの踏切として有名だったが、三鷹駅近くにある「おいでおいでの踏切」はたいへん小さな、歩行者専用のものだった。

地元民のサチさんによれば、

「駅近くの西武線も走る開かずの踏切に比べて、開いていることが多い踏切でした。なのに、そちらの人通りはすごく少なかったですね」

なぜか踏切入り口に大きなポールが何本も立ててあり、通り抜けるのが困難だったことが理由の一つ。また別の理由は、名称のように「おいでおいで」されるからだという。「その踏切は人を呼び込む、との噂があり、呼び込まれた人が簡単に踏切に侵入できないようにポールが何本も建ててある、との話でした」

「三十五年ほど前、なにかのテレビ番組で、当時ＡＢブラザーズだった中山秀征さんと相方さんが取材に来られていて、それを見かけた母が興奮していたのを覚えています」

その踏切がどうやって人を引き込むのか分からない。でもＡＢブラザーズが取材しに来るほど有名な話なのだな……。幼いながらに、サチさんはそう思った記憶があるという。

そして現在、三鷹駅から立川駅にかけては大高架工事が完了しているため、一帯の踏切そのものが姿を消してしまった。

ではこの付近で囁かれる怪談も根絶されてしまったのだろうか。

それが、意外とそうでもないようだ。

※1　宮本一聖『未確認動物調査日記：河童は実在した！』（湘南社、二〇一六年）80Ｐ

現在は跨線橋がかけられた、西八王子駅近くの踏切跡地。しかし踏切の残骸は今もひっそり遺されている。

武蔵小金井駅の神隠し

武蔵小金井駅の「魔の踏切」は高架化によって消えた。

しかし駅構内では、近年にも有名な幽霊騒ぎが起こっている。

二〇一九年三月、運転士が「ホームから線路に飛び込んだ人を見た」として、特急あずさ33号を緊急停止させた事件だ。ネットニュースでも大きく扱われたので、地元民以外にも広く知られることとなった。

人身事故が起きたと思いきや、轢かれたはずの人が消えている……。線路に飛び込む人を確認したので緊急停止したが、いくら探してもその人物が見当たらない……。

こうした事件は、実はものすごく珍しいケースという訳ではない。私は個人的にこれらを「鉄道神隠し」と名付け、リストにまとめたこともある。意外にも数年に一度の割合で、日本のどこかしらにて発生している案件なのだ。

ただ興味深いことに、武蔵小金井駅ではこの十七年前にも、似たような騒ぎが起きているのだという。

私が二〇一九年の武蔵小金井駅の「鉄道神隠し」について情報を募っていたところ、ミヤジさんという人が興味深い情報を寄せてくれた。

二〇〇二年、夜二十三時四十分頃だったという。ミヤジさんの乗った電車が武蔵小金井駅に着く直前で急停止した。

「ただいまお客様が駅ホームから飛び降りたため、緊急停止しました」

緊張した声のアナウンスが社内に響く。車両の外に目をやれば、駅職員があちらこちらへ走り回っている様子も確認できたという。

しかしその十分後。

「事故を確認できなかったため、運転再開いたします」

アナウンスとともに車両が動き出し、そこからは無事に武蔵小金井のホームへと滑り込んだ。……といった出来事を体験していたらしい。

先述どおり、ここまでなら日本全国でたまに起こる事象ではある。

ただ、その翌日のこと。

似たような時刻に仕事を終え、帰宅の途についたミヤジさん。中央線の車内で、疲れた体を左右に揺らしながら西へと進んでいく。瞼を閉じ、頭をうつむかせ、もはや立ったまま眠ってしまいそうだ。

そして当然、昨日と同じ午後二十三時四十分頃に武蔵小金井駅に到着したのだが。

直前、昨夜と同じポイントで、列車が緊急停止した。

――えっ。

一気に眠気が飛び、うつむいた顔が持ち上がる。

「ただいまお客様が駅ホームから飛び降りたため、緊急停止しました」

昨日と同じアナウンスが、車内に流れる。

窓の外では、やはり駅職員が駆けまわる姿が見て取れる。

そして十分後。

「事故を確認できなかったため、運転再開いたします」

二日連続で、「鉄道神隠し」の事案が発生したのである。

私のリストを紐解いてみれば、二日連続の発生というケースが皆無という訳ではない。

二〇一四年十月十五日、ＪＲ羽越本線・南鳥海駅にて「衝突音を聞いた運転士が緊急停止。ホームに白い服を着た女性を確認しているが、停止後は姿が消えていた」事案があった、その翌日。

二〇一四年十月十六日、南海本線・泉大津駅にて「五十～六十代女性が線路上にしゃがみこんでいたため急ブレーキ。人影・衝突跡なし。一人の女性が『飛び降りたんや』と言いながらホームに上がり、去っていったとの証言もある」との事案が続いた。

二日連続という珍しい偶然ではあるが、一つは山形県、一つは大阪府と距離が離れすぎている。

二日ともに武蔵小金井という同一駅にて発生したこの案件は、他に無いレアケースと言えるだろう。

そして十七年後、開かずの踏切も消え、高架化された武蔵小金井駅にて、また「鉄道神隠し」が発生した。

「あの時と同じ幽霊が、二〇一九年の武蔵小金井駅に現れたのかもしれません」

ミヤジさんはそう考察している。

しかし高架工事が完了した後も出てくるとは、この幽霊もかなりしぶとい。

踏切が無くなろうとも、なお彼らには頑張ってもらいたいものだ。

四ツ谷駅

四谷のソフィア稲荷と泣く女

四ツ谷駅前に広がる、某カトリック系大学にまつわる話だ。

同校は近年に大改装をなし、キャンパスがずいぶん現代的に整備された。それに伴い、これから紹介する怪談については完全に根絶してしまったようである。

そんな事情なので学校の実名を出しても構わないかな……とは思うのだが、まあ以上の情報だけでも皆さんお察しいただけるだろう。

さて、件の改装前、私は在校生の案内でこの大学の現場取材をしたことがある。東京を代表するミッション・スクールにて、謎の「流行り神」が、奇妙な「稲荷信仰」が発生したからだ。

学内発行の新聞（二〇一七年一月号）を参照すれば、概要は以下の通り。

二〇一六年のある時、3号館一階の一画に花と起き上がり小法師（こぼし）が飾られた。理工学部の事務員が、建物の片隅にささやかな彩りを添えようとしたようだ。

この小法師人形が学生たちの信仰心を刺激したのだろうか。いつしか脇に小銭までも供えられるようになる。続いて秋頃、何者かが鳥居と狐の置物を設置。これがさらに信仰の呼び水となり、賽銭が増加していく。

大学当局はこれを問題視し、翌年一月、金銭および鳥居・狐を撤去してしまう。しかしその後も「大好きだった彼が振り向いてくれました。毎日ここで祈っててよかった！」なるメッセージカードが置かれていたりもして……。

この騒動が話題となり、同校に突如現れて消えた流行り神には「ソフィア稲荷」なるあだ名が付けられたのである。

私も実際に同学内3号館を訪れてみたが、あいにく改装工事の真っ最中だったので、ソフィア稲荷が置かれた現場は確認できなかった。仕方なくキャンパスをゆく現役生に訊ねたところ「あそこは異質な空間になってましたね」との回答が。

「お賽銭は誰かがこっそり置くのか、いつのまにか増えてる感じです。私の周囲でも話題になってましたよ。やっぱり恋愛にまつわるお願いが多かったですかね」

階段とエレベーターに挟まれた十字路である当該スポットは、辻であり境界であり、「異教の神」が祀られるにふさわしい場所だった。少なくとも同校の学生たちはそう捉えていた。遊び半分なのかもしれないが、逆に言えば半分は本気で、色恋にまつわる願いを託していたのである。

そんな私の取材から六年後。

本書執筆のため「中央線怪談」の情報提供を呼びかけたところ、同校の卒業生・智子さんから連絡が届いた。

「ソフィア稲荷の話ですが、確かにありました。当時のキャンパスにいましたが、稲荷さまのことが話題になってましたよ」

ただし、と話が続いて。

「1号館の一階、階段横、エレベーター前のチラシが置いてあるところにも全く同じ鳥居がありました。マスコットやらのお供え物もたくさんあったから、女学生の参拝が多かったんじゃないですかね。二〇一六年のことなので、今は無くなっていると思いますが……」

また、そこから階段を上った二階女子トイレはなぜか不気味な空気が漂っていたという。

智子さんはトイレのドアを開けた瞬間、「なに、ここ?」と呟いてしまったそうだ。明らかに気味の悪い空気が蔓延しており、異界の扉を開けたような感覚を覚えたという。

また同じ時期、非常勤講師の女性からも「あのトイレってなんなの? おかしくない?」と訊ねられたりもした。

「先生も分かりますか?」

智子さんが思わず身を乗り出すと、相手は肯(うなず)いて。

「知り合いの先生も、あそこは怖くて入れないと言ってたよ」

しかし改修工事後はその不気味な空気がいっぺんに刷新された。かつてそのトイレを避けていた人々も、目立って多く利用するようになったようだ。

また別に、2号館地下には「泣く女」がいる、との目撃談も学内で複数あったという。地下一階のコピー機の横で、さめざめと泣いてる女が立っているのだが、明らかにこの世のものではない。

いったい彼女はなにを嘆いて泣いているのか。

それはかつて7号館の屋上から、失恋のため飛び降りた女学生ではないか、との噂もある。女性の投身自殺によって、7号館の屋上は閉鎖されてしまったのだ、とも。

もちろんこれら全ての怪談は、古い大学にはつきものの他愛ない噂である。

しかしこのキャンパスでかつて「ソフィア稲荷」なる流行り神がいて、そこに女学生たちが恋愛の悩みを託したことは、れっきとした事実なのだ。

もしも……と私は勝手な想像をしてしまう。

7号館屋上からの飛び降り自殺、2号館地下の泣く女、1号館二階の女子トイレの怪、これら全てが一人の女性を通じて繋がっていたとしたら……。

彼女の哀しき霊こそが、あの大学の怪談を一身に背負っているのだとしたら……。

つまり彼女こそが、ソフィア稲荷に祀られた霊なのではないか。

いずれにせよ、数年前まで囁かれていたこれらの噂は、改装が終わった現在の新キャンパスでは、すっかり途絶えてしまっている。

３号館に謎の鳥居

「はやり神」的

新たなスピリチュアルスポット？

大学発行の新聞に掲載された「ソフィア稲荷」についての記事。
同じような鳥居が１号館にもあったそうだ。

前項の話にて私は、某大学の怪談群を一人の女性の悲劇に収斂(しゅうれん)させるという〝勝手な考察〟をしてしまった。ただこれには理由がある。四谷エリアの怪談を考察する際、どうしても「悲劇の女」がつきまとってしまうからだ。

まず某大学キャンパスは、西浦和也さんの代表的怪談『迎賓館』の現場付近でもある。移築工事現場にたびたび現れる、白い着物の女。小さな子どもに取り囲まれ、怒りの叫びをあげている女。彼女がいた蔵の地下には座敷牢らしき跡があって……。同話で巻き起こる数々の怪異は、虐げられた女の怨嗟(えんさ)が巻き起こしたものかと察せられる。※1

次に日本怪談界のツートップ、お菊とお岩にご登場願おう。

四ツ谷駅と皇居の間に広がるのが番町(ばんちょう)、言わずと知れた「番町皿屋敷」の舞台である。ただし皿屋敷・お菊伝説は江戸のみならず播州はじめ日本全国に四十八ヶ所も点在しており、彼女たちはOKK48(オーキークー)と呼ばれているとかいないとか。※2

それら伝説群は史実でなくフィクションだろう。とはいえなぜ多くの地で武家屋敷に奉公する下女が虐待され／殺され／自殺し、怨霊となって祟るストーリーが語られるのかに注目すべきだ。

例えば、こうも想像できるのではないか。高い塀に囲まれた武家屋敷という隔離空間で、立場の弱い女中が性愛や殺傷のスキャンダルに巻き込まれる事例はあっただろう。それを大っぴらに糾弾できない庶民たちは、皿屋敷・お菊という怪談ツールに置き換え、事件の告発をした。皿屋敷・お菊伝説とは社会階層の対立を背景とした、都市の怪談である。ならば大江戸の旗本たちが住まう番町こそが、その舞台に最もふさわしい。馬場文耕『皿屋敷弁疑録』（一七五八年）から落語、歌舞伎、浄瑠璃（じょうるり）、そして現代の映画や漫画まで……。

OKK48のセンターは、やはり江戸・番町のお菊が務めるべきなのだ。

お菊が奉公した青山主膳（しゅぜん）の屋敷は五番町とされ、今なら一番町～麹町一丁目付近。主膳に虐げられたお菊が髪ふりみだし帯をひきずって逃げた坂が「帯坂」。市ヶ谷御門（＝現在の市ヶ谷駅）へと繋がる坂である。千代田区設置の案内板には、お菊が坂を上ったか下りたかは言及されていない。しかし五番町の屋敷から遁走（とんそう）したならば、市ヶ谷御門から濠（ほり）外へ脱出しようとしたはず。つまり坂を「下りた」ことになる。

一方のお岩もまた、番町の武家屋敷に奉公していた。「四谷怪談」といえば鶴屋南北（つるやなんぼく）が創作した歌舞伎『東海道四谷怪談』（一八二五年初演）が最も有名。毒薬で片目が潰れたお岩の亡霊が夫・伊右衛門（いえもん）などの敵役たちを呪い、各登場人物が大立ち回りする展開を思い出すだろう。しかしそのモデルとなった実録（風）小説『四谷雑談集（ぞうたん）』（一七二七年？）、または『於岩稲荷由来書上』（一八二七年）では筋立てが異なる。※3

伊右衛門たちの罠にはめられるのは同じだが、毒薬も殺人もなく離縁はスムーズに成立。

その後、三番町の武家屋敷で奉公していたお岩は、知人から伊右衛門の卑怯な嘘を知る。怒り狂ったお岩は鬼の形相で暴れ狂い、三番町の屋敷を飛び出し、四谷見附（現在の四ツ谷駅）へと疾走。四谷御門を抜けて濠外に出て、伊右衛門のいる四谷左門町を目指したはずなのだが……。

ここでお岩の消息はぷっつり途絶えてしまう。

その後、お岩の祟りらしき作用により、数年かけて伊右衛門の妻子や関係者らが病気や事故で死んでいくのだが。それはともかく、最後に彼女が駆け抜けたルートはどう推測すべきか。当時の三番町は、現在の九段南三・四丁目。まっすぐ西進したなら市ヶ谷御門（現・市ヶ谷駅）の前を通り過ぎたはずだが、そのまま濠の土手沿いを走ったかどうか。普通に考えれば細く曲がった道ではなく、六番町方面＝現・二七通りへと坂を上ったはずだ。

つまり帯坂を「下りた」お菊と逆に、お岩は帯坂を「上った」。怪談界の二大スターは、同じ坂をそれぞれ別方向に駆け抜けたのだ。虐待から逃げようとした末に殺され、恨み言をつのる怨霊となったお菊。自らを騙した敵へと突撃し、生死不明のまま怨念を拡散したお岩。いずれも武家の男たちへの逆転・復讐劇を果たす「悲劇の女」ながら、彼女たちのタイプの相違が、そのまま疾走する方向の違いとなって表れている。

『四谷雑談集』ではお岩の生死が不明であり、ひょっとして生きているのではと匂わせるリアリティが面白い。四谷見附を抜け、憎き伊右衛門らがいる左門町も通り過ぎ、ひたすら西進したお岩はどこへ走り去ったのか。それは定かではないが、彼女が必ず通り過ぎたはずのポイントをもう一つ確認しておきたい。四谷見附から一キロ先の、四谷大木戸門（おおきどもん）である。現在は四谷四丁目交差点と呼ばれるこの地点でも後年、別の悲劇が重なった。

一九八六年四月八日、アイドル・岡田有希子（おかだゆきこ）の飛び降り自殺だ。彼女の死についてもまた多くの怪談が語られている。特に「テレビ歌番組に岡田有希子の幽霊が映った」との噂は、当時の家庭用ビデオデッキ普及を背景としたものだ。私はこれこそが日本怪談史における「ビデオ幽霊」の端緒と考えるのだが……今は詳述する紙幅がない。

ともあれ、私の言い分は伝わっただろう。以上の理由によって私は、四谷の怪談にどうしても、悲劇の女たちの影を見てしまうのだ。

※1 『西浦和也選集　迎賓館』（竹書房、2022年）
※2 伊藤篤『日本の皿屋敷伝説』（海鳥社、2002年）、横山泰子、飯倉義之・他『皿屋敷 幽霊お菊と皿と井戸』（白澤社、2015年）
※3 横山泰子、広坂朋信『実録 四谷怪談　現代語訳「四ッ谷雑談集」』（白澤社、2013年）

番町から市ヶ谷駅に下る「帯坂」。お菊が帯をひきずりながら逃げたのが名称の由来とされる。別名、切通し坂。

桃園川の赤城荘

これについてはさすがに実名を出さねばなるまい。

かつて杉並区にあった、「赤城荘（あかぎそう）」という二階建ての賃貸アパートについての話だ。

立地としては、高円寺駅と阿佐ヶ谷駅のちょうど中間あたり。暗渠（あんきょ）化された桃園川（ももぞのがわ）の緑道の近く、さらに言えば昔の菊花中学・高校（現・杉並学院）のすぐ近くに、その赤城荘はあったそうだ。

そこはいわゆる「幽霊アパート」として有名だった。

といっても、現在では地元民ですらアパートの名を耳にしたことがないだろう。なにしろ赤城荘の幽霊騒ぎが話題となっていたのは一九七〇年代末から一九八〇年代にかけて。しかも噂をしていたのは、当時の、いわゆるオタク第一世代。まだ「オタク」という用語すら定着していなかった頃の、あの特定界隈にのみ伝わる話題だったのだ。

なぜなら赤城荘は、第一世代のオタクたちだけが集って住んでいた、かなりディープなアパートだったからである。

そんな当時の住人に、私自身は直接コンタクトを取れていない。しかしもう少し下の世代の人から間接的に伝え聞いた証言を、以下に挙げていく。

Aさんの証言

赤城荘は、当時から文化財みたいに古い……というより廃墟みたいにボロボロの建物だったな。

いきなりベッドの下の床がバーンと抜けたかと思うと、その穴からゴキブリの大群がわらわら出てきたり。レコードの調子がおかしいなと思っていたら、アンプからゴキブリの大群がわらわらわら出てきたり。

外壁も屋根も古いトタンだったから錆だらけで、ベコベコにたわんでいたんだ。

昼間、自分の部屋でだらけていると、そのトタン屋根や壁が「ドン！　ドン！」って揺れる音がする。重いものがぶつかる気配だったから「あ、あのデブ猫が来たな」と。

というのも、この近所には野良猫が多くてね。その中の一匹のデブ猫を自分が餌付けしていて。だもんだから、そいつが餌をねだりにきたのかな、と。

ドン！　ドン！

はいはい、と部屋の窓を開けた、その時だよ。

男の頭が、目の前にあった。

ざんばら髪を振り乱した生首がトタンの上を、
ドン！　ドン！　ドン！

……って、横に跳ねていったんだ。

「すごいもの見たぞ！　生首がジャンプしてた！」

一階に駆け下りて、たまたま自分を迎えに来ていた友人たちに騒ぎたてたんだ。

でも当然と言えば当然だけど、誰も信じてくれない。

「本当だって！　見たんだって！」

分かったから冗談よせよ、と皆に笑われていたんだけど。

そうこうしているうち、変な鳴き声が聞こえてきたんだな。

んなぁおおお！　んなぁおおお～！

という、さかりのついた猫が夜中に鳴いているような、ケンカしているような声。

「なんか変な猫がいるな」「真っ昼間からさかってるのか」「ケンカにしては一匹の声しか聞こえないよな」

皆でそう言い合いながら、共同玄関から外に出ようとしていたら。

ぐおおおおおおお！

いきなり、猫とは別の、男の叫び声が轟いたんだ。

うぅぐおおおおお！

怒っているような痛がっているような、苦悶の叫びに聞こえた。それには皆も驚いたようで、全員とっさに声のする方、つまり共同玄関の方に顔を向けた。

扉の上には扇型のガラス窓、明かり取りのための半円の窓があってね。

そこから見えたんだ。

「ぽーん」って、ざんばら髪の生首が、花火みたいに真上に打ち上がっていったのが。

そのまま生首は落ちてこなかった。恐る恐る玄関を開けてみたけど、アパートの前にも、皆で見上げた上空にも、なんら異常は無かったね。

Bさんの証言

夜中、尿意で目が覚めたので、共同トイレに向かったんだ。

用を済ませて手を洗ってると、いやに変な感じがしてきた。

なんとなく、視線だけをちょっと上に向ける。自分が水を流している蛇口の上の鏡。

そこに正面を向いた、うつむき加減の自分が映っている。

それはいい、それはもちろん当たり前なんだけど……。

無意識のうちに目が泳いだ。左右に縦長の鏡が三つ並んでいるうち、自分の右横の鏡が視界に入った。

そこにも自分が映っていた。

だけどそれ、横顔なんだ。真横を向いて笑っている。左側を、つまり正面鏡のうつむいている自分の方を見つめて、にやにや笑っていたんだ。

声も出せずに後ずさった。今度は左側の鏡が見える。

背中を向けて立っている自分が、そこに映っていた。

後ろ向きの自分、正面を向いて怯えている自分、横向きに笑っている自分……。

怖すぎて、逆に三つの鏡から目を逸らすことができない。そのままゆっくり後ずさりしながら逃げていく。

廊下に出たところで、すすっと横移動して逃げる。当然、角度が変わるので正面の鏡の自分が消えた。でも、しかし、なんでだろう。

両隣の鏡の自分たちが、消えない。左右の鏡だけは、後ろ向きと横向きのまま、大きさも変わらない自分がずっと映っていた。

自分が踵を返して、一目散に廊下を走り出すまで。

Cさんの証言

これもまた共同トイレでの出来事だ。

昼間、そのトイレで用を足していたところ、二つある個室の戸がぎいっと開いた。

「……誰？」

住人仲間かと思い声をかける。しかし返事はなく、足音一つも聞こえてこない。

……なんだ、無視かよ。

小便しながら振り向けば、個室の戸はなぜか十センチほどの隙間を開けて止まっている。

……なんだあ？　なんで便所から出てこねえんだ……。

そう思った瞬間、戸の隙間からなにかが勢いよく飛び出した。

「うおっ！」

とっさに身をかわす。それはストレートの軌道のまま、木造の壁に突き刺さった。

見れば、大きな裁ちバサミだ。

閉じられた二枚の刃が剣のようになって、その切っ先を壁にめりませている。

「あぶねえなあ！」

小便が垂れるのも気にせず、つかつかと個室へと駆け寄り、その戸を強く開いたのだが。

中には誰の姿も無かったのである。

他にも、

真夜中の階段で泣いてる女の子を複数回見た。入居者はもちろん男性のみで全員オタクだから女を連れ込むはずは絶対ないのに……。

自分の部屋に戻ろうと思ったら壁があるみたいに先に進めなくなった。水木しげるの「ぬりかべ」を思い出して試しに足元をむちゃくちゃに払ってみたら通ることができた……。

など様々な証言がある。

オタク同士のため入居者は全員仲がよく、月一回のペースで麻雀大会が開かれていたそうだ。ただ一度だけ、その大会が中止になったことがある。

一階と二階を繋ぐ階段の途中に、いきなり障害物が出現したからだ。

階段の内壁に、人間の体が斜め四十五度に突き刺さっていたのである。壁から出ているのは胸から下だけだったが、体格や服装からして男のようだった。

もうこの頃には住人たちも慣れていたのだろう。誰も大騒ぎなどしなかったのだが、なにしろ不気味なことには変わりない。斜めの体を乗り越え、無理やり通ろうとするものは一人もいなかった。

一階と二階の交通が遮断され、その夜の麻雀大会は中止に追い込まれたのだという。

……いやはや、とんだ幽霊屋敷である。とはいえ赤城荘の怪現象には、一定のルールがあったらしい。

各居住者の部屋の中では、絶対に不思議な現象が起こらないのだ。自分の部屋にいる分には、誰も金縛りすら体験したことがないのだという。

なにかが起こるのはいつも廊下や庭やロビーなどの共有スペースのみ。その区分はきっちりと守られていた。

人と人ならざるもので居住区が住み分けられている……赤城荘の住人たちは、そう周囲に言いふらしていたそうだ。

先述どおり、私自身は残念ながら当時の住人たちに直接取材できていない。

オタク第一世代で妖怪研究家の多田克己(ただかつみ)さん、世代はやや下だが地元が近いミュージシャンの大槻(おおつき)ケンヂさん(野方出身)にも質問してみたが、お二人とも「赤城荘」については名前すら知らなかった。

些細な情報でもお持ちの方は、是非とも私・吉田にご一報いただければ幸いだ。

高円寺駅

杉並のタイラ荘

本書のコンセプトは、怪談を通じて「中央線」の地域性や沿線文化に注目するところに狙いがある。そのため従来の実話怪談本としては非常識なほど、なるべく具体的な地名・情報を出すようにしている。

とはいえこの話については、諸事情により、色々と曖昧な語り口にせざるをえない。杉並区某所、先述した「赤城荘」の立地からそれほど離れていないところに、タイラ荘という安アパートが現存している。もちろん「タイラ荘」とは、私が適当に付けた仮称だ。このタイラ荘について、私にいつも怪談情報を提供してくれているササキさんが、執念深いリサーチを続けてくれた。以下、彼女からの調査資料を中心に話を展開していく。

なおアパートの特定を避けるため、インターネットからの文言は正確な引用文ではなく、私・吉田が適宜変更していることを言い添えておく。

一　2ちゃんねる

そもそものキッカケは、ササキさんが杉並界隈の怪談を調べようとしたところから始まる。まず2ちゃんねるオカルト板を漁っていた彼女が、二十年以上前のスレッドを発見。

「幽霊が一〇〇パーセント出るから貸せなくなった部屋がある」

そんな書き込みに興味を持ったササキさんは、スレッドの行方を追いかけてみた。

書き込みをした人物は不動産業の関係者らしく、調査のため当該の部屋に「大家と不動産屋と三人で」泊まりこんだところ、「やっぱり出た」のだという。

「自分は二度と近づきたくないが、もしお前らが行くなら、ひたすら耳をすませて進んでいけ。一番奥に無人の部屋があり、鍵は開いているからそこへ……これ以上は言えない」

しかし情報が具体的だったため、スレッド住人によりアパートがすぐ特定される。

「いつも真っ赤な口紅ひいて赤い服着たババアがいるところだろ」

そして当時のオカ板らしく、現地に突入するものも出る。一組目はアパートの内廊下まで入ったところで、件の「赤いお婆さん」に出会い、恐れをなして退散。

続いて二週間後、「杉並の幽霊アパートに潜入」なる専用スレッドがたてられ、スレ主とその友人が突入。一度目は同じく廊下まで入ったところで退散するが、次回は最奥の部屋に入ってくると宣言。しかしさらに二週間後。

「すいません、このスレは無かったことにしてください。勝手ですが何も話したくないです。さようなら」

突然の終了宣言をした後、

「一緒にいった友達がかえてきません、どうすればいいでしょう・・・」（※ここだけ原文ママ）

との書き込みを最後に、スレッドは落ちてしまった。

二　ブログ

しかしそれから七年後、まるで上記の書き込みを裏付けるような文章が、杉並区タウン誌のブログに書き込まれる。

「九〜十年前、知り合いの不動産屋さんから聞いた話で、地元の業界では有名な出来事らしいです」

区内某所、かなり古びたアパートの一室にて、幽霊が出るとの評判がたってしまった。

大家が不動産屋に相談したところ、「噂が本当かどうかまず確かめましょう」と進言、

「出るとされている一階の一番奥の部屋に、大家さんと不動産屋、そこの若手社員の三人で泊まりこんでみたそうです」

と、七年前の書き込みとほぼ同じ情報が語られている。しかも同ブログでは、ここから先の怪異体験についても細かく触れているのだ。

その夜中、押入れの中から低い呻き声が微かに響いてくる。

三人が押入れを注視していると、戸から抜け出るように「骨ばった手が十本ほど」出てきたという。それらの手は探し物をしているような動きで、こちらへ近づいてくる。

三人が恐怖のあまり動けずにいると、今度は天井から経文を読むような声が聞こえてきた。すると十本の手は苦しみもがきだし、やがて押入れに戻っていったのだという。

後日、大家が不動産屋の元に駆けつけ、「子どもの頃の記憶を思い出した」ことを告げる。

最奥の部屋の押入れは、かつて井戸があったところだった。しかしなんらかの事件により、そこに遺体が投げ込まれてしまう。以来、井戸からは大量の毛髪の混じった水が溢れるようになったため、僧侶に経をあげてもらったことがある。

「お坊さんが、死んだ後もお経を唱えてくれてたんだねえ」

大家は手を合わせ、そう語ったのだという。

当該のアパートはその後改装されたが現存している。同ブログのライターは現地を見学しており、こう記している。

「一番奥の部屋は空いてました。散歩中の犬が通りがかるたび、その部屋を凝視して吠えたてているのが、妙にリアルで昼間からゾッとしました」

三　ササキさんの調査

この時期も状況も酷似した2ちゃんねるとブログの文章とを発見し、ササキさんの怪談熱がうずいた。

また2ちゃんの書き込みを参照すれば、現在ある改築後のタイラ荘を特定することは容易だった。

この時点で、私はササキさんからの情報提供を受けている。そこからササキさんはタイラ荘の調査に乗り出し、進展があるたび逐一、私に報告をしてくれていた。つまり私はリアルタイムで彼女のタイラ荘リサーチを横目に見ていたのだが。

その調査は、過剰なまでの熱がこもっていた。別の言い方をすれば、私が心配になるほど執拗を極めていた。

私に送られた資料を眺めても……タイラ荘の登記簿、各年代のゼンリン住宅地図、不動産会社および管理会社からの物件情報、そしてササキさんが何度も何度も足を運び撮影してきた現地の写真……など多岐にわたる。

さらにササキさんは、驚くほど多くの人々への聞き取りを行っていた。まず近隣住民に片っ端から話を取材。そこから派生して、タイラ荘を訪れていた新聞配達員や民生委員、関係があったと思われる幾つかの不動産会社、ネットでタイラ荘に言及した人物、さらには杉並警察署にまで足を運んでいる。

ここでは紙幅の都合から、彼女の調査の一部しか紹介できないのだが……。

「かつてのタイラ荘は、改築増築を何回も繰り返していた違法建築だったみたいですね。だから証言の時期によって、アパートの様子が捉えどころなく変わっていくんです」

まず古い証言から順次くだっていくと。

タイラ荘は戦後すぐに建造された、と言う人もいる。当初から今に至るまで、部屋が細かく間仕切りされているところが特徴のアパートだ。昔は大きくて三畳、小さければ一畳半の部屋が並んでいたというから相当の狭さだ。

タイラ荘はその歴史上ずっと低所得者層向け、というより貧困層向けの賃貸物件だったということになる。とはいえそうした物件の中では珍しいほど大きな建物だったため、昔から近隣住民の記憶に残っていたようだ。

また皆が口を揃えるのは、「今ではキレイに改装されたが、昔は怖い感じだった」という点。

改築増築を繰り返したため、各部屋はウナギの寝床のように狭く細長いにもかかわらず、入り口は二つに分かれ外階段も両脇についている。外から見ると二階建てだが内部は三階まであるといった、異様な建築物だったそうだ。

そのせいか建物自体が斜めに傾き、行政からの指導も数度にわたり入っていたとか。ボロボロに朽ちた「木造の迷路」と喩える近隣住民もいた。

「入り口から入ると、両サイドに小さな部屋が並んで、真ん中が通路。なんだけど、その通路が土なんだよ。土間じゃなくてずっと土だけ。そこに大きな木がはえていたんだ」

そんな証言をする人もいた。かつてタイラ荘に新聞を配達していた、五十代男性である。

「あそこは外から二階に見えるけど、中に入ると三階建てだったろう。天井をぶち抜いて、その三階にまで届くほどの木だった」

彼の断言に反して、向かいに住む七十代男性の意見は「そんな木など無かった」と真っ向から対立している。あるいは近隣に住む九十代男性の記憶もまた奇妙だ。

「真ん中の通路の天井には、壊れた自転車が十台以上吊るされていたなあ」

そんな通路では、天井をぶちぬくほどの木を生やすことは不可能だろう。ササキさんが大きな木があったという人もいると伝えたところ、その九十代男性はニヤリと笑って。

「ああ……それは生きている木じゃないね」

「え？」とササキさんが聞き返す。しかし男性は笑いながら道路を歩き去ってしまったため、それ以上は問いただせなかった。

なにせ登記簿の記録だけでも築年数七十年近いし、終戦直後から存在していたとの証言を信じるなら八十年以上の歴史となる。

少なくとも数十年にわたってウィンチェスターハウスのごとく何度も建物のかたちが変わっていたのだ。このように各人の証言が錯綜（さくそう）してしまうのも仕方ないだろう。

とはいえ皆の証言で共通している点もある。

建物があちこち傷んでボロボロになり、ゴミが外まで溢れていたこと。ガラの良くない住民が出入りしていたので悪い噂がたっていたこと。女性は一人だけでタイラ荘の前を通ってはいけないとされていたこと……。

つまりゴミ屋敷であり悪所であり、そのために幽霊屋敷の噂がたっていた点については、あらゆる証言者たちが口を揃えている。

いや、もう一つ共通点があった。

「一階の一番奥の部屋はいつも空き室だった」

これだけはどの時代の誰の証言でも、必ず言及されることだ。

ただ、二〇〇〇年代半ばのあるタイミングにてタイラ荘は様変わりし、現在のようなごく普通のアパートとなる。

大家の女性が亡くなってしまったからである。

「殺された……って噂する人も、近隣住民の中にはいました」

もちろん殺人事件なら通常はメディアで報道される。大家さんが亡くなったのは確かにせよ、新聞記事になっていないところを見ると、おそらく殺人事件としては立件されていない。ササキさんが杉並警察署に赴き、応対してもらった警察官いわく。

「殺人事件だったら普通は記事になる」「特に犯人が捕まっている場合は記事になる」「記事になっていない理由として考えられるのは殺人事件ではなく、不審死（自宅で死亡）のために警察が出動していただけだから」「もしくは親族の希望等により記事にされなかった可能性もあるが、なんとも言えない」

とはいえ、大家の女性の死について妙な噂がたてられた理由も、ある程度は理解できなくもない。

彼女が亡くなったのはアパートの敷地内ではあるが、建物の外だった。

アパートの駐輪場の端で、倒れているのが発見されたのだ。

彼女の横では、なぜか自転車が燃えていた。正確に言えば、遺体のそばに停められていた一台の自転車のシートから、ごうごうと炎がのぼっていたそうだ。

近隣住民によれば、その後の警察の調べでは事件としての因果関係が見つからず、事故か病死扱いになったようだ……とのことだった。

彼女の死によって、タイラ荘は誰かに相続されたはずだ。それを機会に、違法建築扱いされていた物件は様変わりし、現在の穏当な建物となった。「二　ブログ」のライターが訪ねたのは、改装後のタイラ荘のはずだ。

しかしその時も、その前の迷宮物件だった時も、そして二〇二三年の現在に至るまで、どの時代でも必ず共通していることとして。

一階一番奥の部屋だけはずっとずっと、空き部屋のままなのだ。

四　吉田の感想

以上、ササキさんによって取材された「タイラ荘」情報のごく一部を、ここに紹介した。

この他にも膨大な証言や資料があり、「一」「二」の怪談の検証も含め、さらに話を膨らませられるのだが、それはまた別の機会に譲りたい。

補足として、とある人物の興味深い証言がある。

「自分が知っているだけでも、あそこでは五回、火事が起こっている」

またこれは別件としてカウントすべきだろうけれども、この証言者の住まいもまた、最近、火事により消失してしまっている。

杉並特有の、路地が入り組んで建物が密集した、昔ながらの住宅街では火災がどうしても多くなる。そのような合理的解釈を取ることも可能だ。

ただ私が気になるのは「二」で触れられた、以下の情報である。

「最奥の部屋の押入れは、かつて井戸があったところだった」

もちろん、地元民とはいえタイラ荘といっさい関係ないライターが取材した情報なので、どこまで信用できるか分からない。ただこれとは全く別の近隣住民の実体験談として、

「タイラ荘を含む一帯の土地はかつて中国人の大きな屋敷があった。実際に自分もガーデ

ニングのため地面を掘ってみたら、中国の茶器や庭石がごろごろ出てきた」という信頼すべき一次証言もある。

ここから類推して、幽霊が出ると噂された「一階一番奥の部屋」の端＝押し入れ部分が、かつて井戸があったポイントだという可能性は排除すべきではない。

そしてこれは、私・吉田が方々で散々に言及していることなのだが。

自分が取材する実話怪談、または他の人が取材してきた実話怪談、あるいは世間一般の人々が現代でも囁く怪談の中で、特に共通するエピソード群がある。

それは井戸を潰した家の怪談だ。正当な手続きをとらずに井戸を廃棄すれば、必ず祟りに見舞われる。そしてなぜか、その祟りはいつも似通っている。

まず「ゴミ屋敷になる」。

次に「その家の住人の心が荒んで生活にトラブルが生じる」。

そして最終的に、「火にまつわる災厄で死亡する」。

家が火事になる場合もあれば、旅先で火災に見舞われる場合もある。ただとにかく、火によって人死にが出てしまう。

井戸にまつわる祟りとして、これは本当に何度も何度も聞かされたパターンなのだ。

一階最奥の部屋の端にかつて井戸があったのか。あったとしても正式な手続きをとらずに潰してしまったのかどうか。それについては今のところなんとも言えない。

しかし錯綜する幾多の証言において、なぜか共通しているポイントなら幾つか挙げられる。

かつてのタイラ荘では、意味不明な増改築がずっと続けられていたこと。

ゴミが外まで溢れ、いつもガラの悪い住人が出入りしていたこと。

ボヤも含めれば少なくとも五回以上にわたり、たびたび火事に見舞われていたこと。

一階最奥の部屋だけは、どの時代でも必ず空き室だったこと。

そして大家の女性が燃える自転車とともに死亡していたのは、その一階最奥の部屋のすぐ脇だったこと。

こうした諸要素を結びつけ、奇妙な結論を導こうとしてしまうのは、怪談マニアの悪しき習性なのかもしれないが……。

先日、私はササキさんとともに、現在のタイラ荘を訪れてみた。

だがそこには、もはや多くの人が証言していた幽霊屋敷の面影はなかった。

杉並の住宅街のどこにでもあるような、ありふれた賃貸アパートが佇んでいるだけだったのだ。

車中の女・西落合

哲学堂公園の近く――となると中央線の線路から北に二キロ弱離れてしまう。「中央線怪談」としては微妙な距離となるものの、いったんご容赦願いたい。

これから数々の体験談が芋づる式に繋がっていく、その端緒として、まず語り始めねばならないエピソードなのだ。

確かあれは一九八七年。半袖で薄着だったから、真夏の夜だったはずだ。

小学六年生の美央子さんは、友人たちと夜遊びをしていた。

夜遊びといっても可愛いものだ。そろばん塾のメンバーと学習塾のメンバーである女子たちが集まって、夜八時から九時過ぎまで、街中でおしゃべりをしたり買い食いをしたりするだけ。

当時はまだ都営地下鉄大江戸線も開通しておらず、周囲の人通りは閑散としている。少女たちはなにげないおしゃべりを交わしながら、新青梅街道から脇に折れて小さな坂を下りる、いつものコースを辿っていた。

その曲がり角には病院が建っていた。もう廃業したので言及して構わないだろうが、地元民からは「入ったら死ぬ病院」などと無責任な噂をたてられているところだった。

坂道は病院の側面に沿って延びており、道路の端には車がずらりと停められている。無断の路上駐車など、当時は当たり前に行われていたのだ。

そんな車列を横目に見ながら坂を下っている途中、美央子さんの視線は一台の車へと奪われた。

カローラかサニーかマークⅡか、今となっては覚えていないが、とにかくカクカクと四角いセダンタイプの車。

その助手席に、驚くほどきれいな女性が、まっすぐ前を向いて座っている。

ストレートの黒髪が、肩の先へと垂れ下がっている。その髪がどこまで伸びているかについては、サイドガラスから見る限りでは判別できない。

とにかく女性は固まっているかのように動かず、そして光り輝いていた。

ルームランプの照明ではない。月明かりに照らされているがごとき青白い光が、女性の体そのものから発せられているのだ。

「……ねえ、あの人ってマネキンじゃないよね？」

横を歩く小山さんが話しかけてきた。美央子さんの家のすぐ前に住んでいる女子だ。

「マネキン……そうだねマネキン人形かも」

二人はその場に立ち止まる。他の友人たちはなにも気づいていないようで、どんどん坂の下へと歩を進めていく。

「でも、そんなもの車に乗せる人いる？」

集団からとり残された二人は、目と目を見合わせ、無言で頷いた。

そのまま車の正面へと回り込み、フロントガラスから中を覗いてみる。

女性の端正で美しい顔立ちが、もっとはっきり顕わになった。やはり彼女は、月光さながらに青白く輝いている。白い服を着ているようでもあるが、光のせいでそう見えるだけかもしれない。

そしてやはり、小学生二人に不躾に覗き込まれてもなお、無表情のまま微動だにしない。

「……大丈夫ですかー？」

沈黙に耐えきれず、頓珍漢な言葉を発してしまった。

「あの、大丈夫ですか？」

子どもならではの無遠慮さで、ボンネットの横から身を乗り出す。さらにフロントガラスをこつこつと叩いてみたのだが。

なにをどうしようと女性の体は、睫毛一本たりとも動かない。

「……」

人間にこのような芸当が出来るのだろうか。しかし人形でないこともまた、間近に接して確信した。髪も皮膚も、絶対に生きている人のそれなのだ。

もはや美央子さんたちはガラスに顔をつけ、夢中になって彼女を見つめていた。

髪の毛のつや、水気、肌の張り、赤み、柔らかさ、毛穴にうぶ毛……人工物ではありえないそれらディテールが、青白い光によって浮かび上がっている。

いつまでも瞬(まばた)きせず開かれた瞳は、あらぬ方へと向けられている。なぜ自分を見てくれないのか。もっと身を乗り出せば、彼女とちゃんと目を合わせられるかもしれない……。

「なにやってんの！」

背後から大声をかけられ、はっと我に返った。

振り返れば、友人グループの一人が怒りぎみの表情で立っている。

「車にイタズラしちゃダメなんだよ！」

そう注意してきた友人に、言い訳しながら歩み寄り、

「違うんだよ、この女の人が……」

と振り向いてみたところで驚いた。

女性がいない。それどころか、あの車も見当たらない。女性を助手席に乗せていた四角

いセダンそのものが、忽然と消えてしまっていたのだ。

それが停まっていたスペースには、身代わりのようにまた別の車種が駐車されていた。

それから現在まで、あの車中の女性を見かけることは、もう二度と無かったのだが。

今になって考えると、あの時、女性と目を合わせなくてよかった。もし目を合わせていたら、必ず良くないことが起こっていただろうから。

大人になった美央子さんは、そんな風に思えてならないのだという。

東中野駅〜中野駅

車中の女・上高田

美央子さんの怪談の現場から一キロほど南下、つまり中央線方向に近づくと、落合斎場が佇んでいる。住所としては上落合（新宿区）となる、都心では有名な斎場・火葬場だ。当然ながら、近隣には多くの寺が点在している。その中の一つ、上高田（中野区）の某寺院は広い敷地を持ち、門構えも立派なところだ。

二〇一〇年のある日、夜二十三時頃のこと。中野区民の逸子さん（P12「中野サンプラザの手」の体験者）が、その寺の門前を友人と一緒に通りがかったところ、いつもと異なる風景を目にした。

車が一台、門を塞ぐようなかたちで停まっているのだ。

なんであんなところに駐車してるんだろう？　お寺の人に怒られないのかな？

逸子さんはじっとその車を見つめた。駐車している場所だけでなく、その車は色々な面で奇妙であった。

まず車種が、やけに古めかしいセダンタイプなのだ。当時はもうコンパクトカーやミニバンが主流になっていた時代だったが、その車は逸子さんいわく「今どき珍しい、やけにカクカクした四角いセダン」だったのである。

またその車の助手席には、髪の長い女が乗っていた。ストレートではなく、ややパーマがかった髪質だった。

顔はうつむけられているため、どのような目鼻立ちかは分からない。

そしてなにより奇妙なのは、その女がやけに「赤い」ところだった。

最初は、珍しい赤色のルームランプが点いているのかと思った。しかし車内の空間はべつだん赤く染まっていない。まるで女にだけ真っ赤なスポットライトを当てているような、いや、女が自ら赤く発光しているような、そんな風に見えるのだ。

「え……？」

目をこする。ふたたび瞼を開けて車内を見る。数秒ほど凝視してみたが、やはり変わらない。流血やペンキなどで赤く染まっているのではない。髪も服も、髪の間から覗くうつむいた顔の肌も、光によって赤く発色している。

「あの人、おかしいよね……？」

逸子さんは思わず、並んで歩いている友人にそう声をかけた。

「なにが？」

「あの車の中、女の人……なんであんなに赤くなってるの？」

自分が指さした先、門前の車を友人がまじまじと眺めた。やや間をおいてから、その友人はきょとんとした声でこう言ってきたのである。

「なに言ってんの？　あの車、誰も乗ってないし、どこがどう赤くなってるのよ？」

……ああ、あれは自分にだけ見えているのか……。

ということはつまり、これ以上見ない方がいいものなのだろう。

そう思った逸子さんは、急ぎ足でその場を後にしたのだった。


数年が経ち、逸子さんに子どもが産まれる。その子は私・吉田の子と同じ幼稚園に通うこととなるのだが、それはまた別の話。

そして幼稚園の繋がりとは別に、地域のママ友として中野在住の女性A子と知り合う。

九州から引っ越してきたばかりだという彼女の住所を聞けば、例の寺の門前、道を挟んですぐ向かいのマンションであった。

「でもあそこ、ちょっと変なんですよね……」

こちらがなにも聞かないうちに、A子は問わず語りを始めた。

彼女の部屋のベランダからは、ちょうど真下に寺の門が見下ろせるのだという。

ある夜、そのベランダの椅子に座ってビールを飲んでいたところ。

「赤い女の人がいたんですよ」

赤い女が、門の前をうろうろと歩いていた。だから自分はとっさに身を隠し、すぐベランダから室内に逃げ戻っていったのだ、と。

「ねえ、あのへん、幽霊みたいなものが出るって噂、あったりします……？」

やっぱりいたのか。赤い女はまだ、あの寺の門の前にいたのか。逸子さんはそう思った。

しかしA子とは友人と言えるかも微妙な間柄だ。自分の過去の目撃談を語ることも、A子にそれ以上のディテールを聞き出すことも、なんとなく控えてしまった。

だからA子が「赤い女」を一目見たとたん、なぜそんなに怯えてしまったのか。なぜ幽霊の類だと認識したのか。そもそも女は赤い服を着ていたのか、赤いなにかが塗られていたのか赤い液体で濡れていたのか、それとも赤く発光していたのか。

それらの点については、いっさい聞き出せなかったのだという。

なぜかA子はマンションをすぐに引っ越してしまい、そこで連絡手段が途絶えたため、もはや全てが不明のままである。

今でも逸子さんは、例の寺の前をよく通りがかっている。しかし赤い女や四角いセダンをふたたび見かけたことは、これまでいっさいないそうだ。

阿佐ヶ谷駅

つきまとう赤い女・阿佐ヶ谷

さて、「赤い女」が出てきたところで、話題をそちらにシフトしていきたい。

各所でさんざん言及しているように、私・吉田は「赤い女」の現代怪談を収集することに熱意を燃やしている。

多くの人々の体験談に現れる「赤い女」。彼女たちの行動や出現方法は多種多様なのだが、また同時に、全員がどこか似通ってもいる。いや、赤い服を着ているなど「赤色」の見た目が共通しているといった単純なことではない(「赤&女」の枠組みで体験談を分別しているのだから、そこが共通するのは当然のことだ)。

彼女たちの奇妙に見える細かな「挙動」、服の種類や着こなしなどの具体的な「外見」。そういった事々から醸し出されてくる「性格」。

それらが同一人物のように共通していることが多い、との印象を私は抱いているのだ。

先述の「車中の女」二話を比較しても分かるとおり、「赤い女」とその裏表である「白い女」とを比べてみると、やはり印象が大きく異なってしまう。

強い女性たる「白い女」(ネット怪談なら『八尺様』[※1]など)と対照的に、「赤い女」は性においてネガティブであり傷ついた存在だ（『アクロバティックサラサラ』※2など）。「白い女」は強力で堂々としているが、「赤い女」の暴力はどこか挙動不審である。

この竹書房怪談文庫でも、私は多くの「赤い女」怪談を紹介してきた。振り返ってみれば、それらは中央線沿線でのエピソードが多かったように思える。

「線路沿い」（『怪の足跡』）は中野駅近く、「歌舞伎町の赤い女」「コインロッカーベイビー」（『新宿怪談』）は新宿・歌舞伎町、本書収録の「いないいない」は八王子だ。

今回の取材でも、中央線の近接エリアにて、なかなか似通った「赤い女」のエピソードが出てきたので紹介しておこう。


阿佐ヶ谷で美容師を営むKさんが、客の千春くんから聞いた話。

二〇〇八年に大学一年生だった千春くんは、チャラついた今どきの若者だった。いつも指名なしで来店してくるのだが、たまたまKさんの担当となる機会が多かった。そのうち千春くんも心を許したのか、プライベートな悩みを打ち明けるようになってきた。

「高円寺と阿佐ヶ谷の真ん中に、大きな神社ありますよね？」

本書で言えば「赤城荘」のすぐ近くに位置する、有名な稲荷神社の名前を出して、

「あそこ、俺のストーカーがいるんですよ」

千春くんは神社のすぐそばに住んでいた。外出時にはたびたび神社の付近を通ることになるのだが。そこで毎日と言っていいほど目撃する、奇妙な女がいた。

赤いワンピースを着て、髪が長く、うつむきながら立っている女。いつもこちらに背中を向けているので、顔を見たことはない。

最初に見かけたのは電話ボックスの中である。しかし当時すでに、老人でもなければ公衆電話を使う人は珍しかった。実際、その女も電話をかけるでもなく、ただじっと顔を下にして佇んでいるだけだった。

……変なやつがいるなあ……。

千春くんはその日を境に、女を頻繁に見かけるようになってしまった。いつも同じ赤いワンピースを着て、こちらに背を向けたまま動かない。

稲荷神社の周囲に限定されているが、そのあたりに足を向けると必ず見かけてしまう。神社エリアを避けようにも、ごく近所なので方向によっては通らざるをえない。

あまりによく出くわすのと、自宅の近くであることから、

「あいつ、俺につきまとってるんじゃないの？　ストーカーなんじゃないの？」

そう思うようになってしまったそうだ。

そして、つい最近のことである。この日もまた神社脇の道を通っていると、案の定、例の女の姿が遠目に見えてきた。

……ああ嫌だ嫌だ……。

しかしここで方向転換すれば却って女の気を引く事態になりかねない。わざと視線をずらし、なにげない足取りで進んでいったのだが。

……あれ？

だんだん横目に入ってくる女の姿が、いつもと違う。これまでは必ず真後ろを向いていた女の姿勢が、ややこちら側に回転している。ずっと後頭部しか見えていなかったのに、今は斜めに顔が向けられている。

好奇心に負けた千春くんは、通りすがりざま、女の方を直視してみた。

初めて目の当たりにした女の顔。

その顔の半分を、口が覆っていた。ワンピースと同じように真っ赤な口が、耳まで裂け、大きく開かれていたのだ。

「ストーカーは口裂け女だったんだよ！」

千春くんはKさんに向かって、店内に響くほどの大声をあげた。

「いやいや、なにそれ、本当？」

Ｋさんは笑ってしまった。千春くんが自分をからかっているのだろうと思ったからだ。

「本当だって、信じてよ、絶対に本当」

しかし千春くんの声も表情も真剣そのものだった。彼のチャラけた性格からして、嘘ならここでネタばらしをしない訳がない。また言葉の熱のこもり方にも、うっかり見間違えたという余地のない、確信めいたものが感じられる。

……しかし今どき口裂け女なんてなあ……。

Ｋさんは半信半疑のまま、千春くんの話を受け流した。

それからまたしばらく経ったある日。Ｋさんが千春くんを担当する機会が巡ってきた。

席についた千春くんは開口一番。

「あの女、ファミレスにいた！」

口の裂けた顔を目撃した日以降、なぜか女の姿をとんと見かけなくなっていたらしい。

しかしこの前、中杉通り沿いの某ファミレスの前を通ったところ。

通りに面した窓際の席に、こちらを向いて、あの女が座っていたというのだ。

阿佐ヶ谷住民ならピンとくるだろうが、あのファミレスの窓は大きく、外から中が丸見えだ。逆に言えば、店内から道行く人をしっかり見渡せるということでもある。

女は裂けた口を隠そうともせず、通行人を凝視していた。その異様な光景を店内の誰も気にしていない。他の人には見えない存在なのだろうか。

「きっとああやって次のターゲットを探してるんすよ」

そう吐き捨てる千春くんの声色には、少しのおふざけも感じられなかったそうだ。

また別の人物からの証言。

阿佐ヶ谷の古着屋に勤めるMさんによれば、

「そのファミレスで赤い女を見たって話は、昔からよく聞きますね」

一番最初に聞いたのは二〇〇〇年代初め。店に来ていた馴染みの男性客から。

「あのファミレスに、赤い服着た女の幽霊がいるの知ってる？」

Mさん自身がたびたび不思議な体験をしているので、男性客もその手の話を打ち明けたかったのだろう。

「俺以外にも、霊感ある人なら見えてるのかなあ、と思ってさ」

また男性客によれば「同じ幽霊が、阿佐ヶ谷駅前の横断歩道で、通行人に紛れて立っていることもある」のだという。その口ぶりからして、彼は一度や二度ならず、たびたび「赤い服の女の幽霊」と阿佐ヶ谷で出くわしているようだ。

それから数年後、Mさんはまた他の男性客からも似たような話を聞いた。そちらは飲食店のオーナーで、彼の後輩が中杉通り沿いのバーで働いていた。

後輩いわく、閉店後の無人の店内で、なぜか人の気配がすることが相次いだ。不審に思いつつも働いているうち、ある夜、気配の正体を目撃してしまう。いるはずのない女、明らかに人でない女が店内に現れ、慌てて逃げ出したのだ。

それもまた赤い服を着た女だったという。

「これ、数年前に聞いた女と同じやつなんじゃないか？」

話を聞いたMさんは、思わず男性客のエピソードと結びつけてしまった。

赤い女は阿佐ヶ谷の中杉通りを南北に徘徊しているのではないか……と。

この話はまだ繋がっていく。

現在、Mさんの古着屋で働く女性スタッフ。阿佐ヶ谷育ちの彼女もまた、彼らと同じ二〇〇〇年代初頭に赤い女を目撃しているらしいのだ。

彼女は中学生の頃、中杉通りから青梅街道に入ったアパートの二階に住んでいた。

住宅が密集しているエリアなので、向かいのアパートとの距離は一メートルしかなく、窓越しに先方の室内が見渡せる状況であった。

ある日、自宅の二階の窓から、向かい側アパートの同じく二階の窓へと視線を向けた。一メートル先の建物は、朽ちかけているほど古い木造で、がらんとした和室が窓越しにはっきり見えるのだが。

その室内に、女が立っていた。

うつむいているため、顔はよく見えない。しかし薄汚い和室には不釣り合いな格好をしているのがありありと見て取れた。

卒業式で母親が着るような、上下赤のワンピース・スーツだった。

なにをするでもなく、その赤い女はじっと立つくしていた。見てはいけないものを見たと思い、慌てて窓を閉め、家の奥へと引っ込んだそうなのだが。

「Mさんが話してくれた、阿佐ヶ谷の赤い女の幽霊話。時期も一緒だし、もしかして同じ女を見たんじゃないかなぁって思うんです」

女性スタッフはMさんにそう伝えてきた。

「でもなんで」Mさんは素朴な疑問を相手に伝えた。

「その女が生きた人間じゃないって思ったの?」

これに対し、女性スタッフはこう答えたそうだ。

「向かいのアパートに人がいるはずないんです。だってそこ、ずっと廃墟でしたから」

※1　『八尺様』。2ちゃんねるに書き込まれたネット怪談のキャラクター。身長が八尺（約二四〇センチ）あるとされる人外の女性。白っぽいワンピースに帽子姿、「ぽぽぽ……」など気味悪い声を発し、ターゲットとした人間をとり殺すという。

※2　『アクロバティックサラサラ』。同じく2ちゃんねるに『八尺様』の一ヶ月後に書き込まれたネット怪談。赤い服を着た長身の女性。長くさらさらした黒髪で、アクロバティックな動きをする。また黒目が異様に大きい瞳、牙のはえた大きな口、左腕には無数の切り傷跡があるという。

西荻窪駅

つきまとう赤い女・西荻窪

ストーカーめいた赤い女の話は、他の中央線エリアでも聞き及んだ。

阿佐ヶ谷から二駅離れた、西荻窪（にしおぎくぼ）でのことだ。

マリアさんが中学・高校にかけて住んでいた実家は、西荻窪駅の北側を流れる善福寺川（ぜんぷくじがわ）沿いの住宅街にあった。賃貸の一軒家で、元々は二世帯住宅だったのだろう、玄関が一階と二階の二か所に設置されていた。

「私、その頃ずっと付き合ってる彼氏がいまして。あんまり良くないですけど、中学生の時なんかは使ってない二階の玄関からこっそり家に侵入させてたんですね」

そんな二人の関係も、高校生になる頃にはすっかり親公認となる。彼氏は夜中でも堂々とマリアさん宅に出入りするようになっていた。

「特に高校二年生の夏休みなんて、一日も欠かさず、うちを訪ねてきてましたね」

今考えれば、依存心の強い男だったのだろう。嫉妬深い性格で、マリアさんが女友だちと連絡することすら嫌がるほどだった。

自宅デート中に口喧嘩になった際、気の強いマリアさんが、

「お前にはもう会いたくねえ！　今すぐうちから出ていけ！」

と怒鳴ったとたん、彼氏はすごい勢いで二階の玄関へと走りだした。

いやなにもそこまで急がなくても……と追いかける。すると玄関ドアを開け放している
彼氏のもう一方の手に、スニーカーが握られていた。

そして次の瞬間、彼氏は自分のスニーカーを両足とも善福寺川へ投げ捨てたのである。

呆気にとられるマリアさんに、笑顔で振り返った彼氏が一言。

「もう帰れなくなったから、ここにいさせてね」

マリアさんの言葉を借りれば「マジで頭おかしい人」だったのである。


そんな男だったからこそ、高校二年のあの夏の日、ものすごく腹が立ったのだ。

その日も彼氏は荻窪の自宅からマリアさん宅まで徒歩で向かっていた。事前連絡を受けていたマリアさんが二階玄関を開けると、案の定、道の向こうに彼氏の姿が見えた。

先述どおり家のすぐ前に善福寺川がある。橋を越えてまっすぐ南の中央線方面へと道路が延びている。真夏の昼日中、向かってくる彼氏の姿が逃げ水で揺らいでいる。

だから彼氏の後ろのものも、最初は「赤い靄（もや）」に見えたのだ。

意気揚々と向かってくる彼氏の背後で、ゆらゆら、ゆらゆら……と赤い靄がたなびき、

その歩行についてくる。

……なんだあれ？

眉をひそめ遠くを見つめるが、高校生にしてすっかり視力が落ちていたせいもあり、眼鏡なしではその正体がさっぱり分からない。

そうこうするうち彼氏とこちらとの距離が縮まり、ようやくピントが合わさってきた。

「え、やだ、あれ」

それは女だった。やけに背が高く、長い黒髪が腰の下まで伸びている女。

赤く見えたのは、全身を覆う真っ赤なレインコートめいた服を着ていたからだ。

真夏の炎天下である。そんなものを着る意味などさっぱり分からない。

より相手が近づくにつれ、それがトレンチコートのような薄い生地ではないと見て取れた。コーチジャケットさながらにテラテラと光る厚手のナイロン製。しかも足首まで届く長丈で、まさにレインコートとしか喩えようがない。

そんな恰好なのに汗一つかかず、長髪長身の女はふらふらと彼氏の後をついていく。

その歩行の様子もおかしかった。二車線の車道と歩道が分かれているような広い道路を、左右いっぱい使いながらジグザグに進んでくるのだ。

どう見ても彼氏を尾行しているに違いないが、それならなぜあんな目立つ行動をとっているのか。そして彼氏はなぜすぐ背後にいるあの女に気づかないのか……。

とにかく危ない女には違いない。向こうから目視されるより先に、マリアさんは玄関内に入ってドアの裏で息をひそめた。

そして彼氏が外階段を上ってくる音を確かめてから、そっと玄関を半開きにし、早く入れと手を振って促す。

「うーっす」と入ってきた彼氏に向かって、

「誰なんだよ、あの女！」

マリアさんの怒りが炸裂した。

「お前浮気してて、うちに来る直前まであの女といただろ！　ちゃっかり後つけられてんだよ！　しかも気づけよ！　あんな蟹（かに）みたいに後ろでガチャガチャ動かれて、なんで気づかねえんだよ！」

しかし彼氏はこちらの怒号も意に介さず、「あ〜」と間抜けな声を出して。

「マリアに言ってなかったけど、俺ここ一ヶ月ずっと、あの女に後つけられてるんだよね」

「……は？」

「どっから来てっか分かんないけど、気づいたらいつも俺の後ろにあの女いる、みたいな。けど別になんかされた訳じゃないから、マリアにはなんも言わなかった。なんか俺がちょっとモテてんだぜアピールみたいになっちゃってもアレだし」

「いやモテてるってなに」

「だってあの女、俺のストーカーでしょ。ぜんっぜん知らねえやつだけど。どこの馬の骨か知らんけど。なんでかいつも赤いレインコート着てるけど」

「ちょ、ちょっと待って。ここ一ヶ月ずっと後つけられてんの？」

「うん、もっと前からかもしれんけど、気づいたのが一ヶ月前で、そっから毎日」

「ってあんた、夏休みは毎日うちに来てんじゃん」

「うん、さっきみたいにこの家の前までついてきてるよ、あの女」

マジふざけんな、である。彼氏の気持ち悪いストーカー女に、完全に家が特定されてしまっているではないか。もはや怒る気力すら無くしたマリアさんが、こっそり玄関を開けて外を覗いてみたところ。

女は善福寺川の向こう側、橋を渡ったところの欄干に佇んでいた。真っ赤なコートに、尻まで届く黒髪というコントラストが、強烈な太陽光に照らされている。

そしてこちらの二階を、まっすぐ見上げていた。

慌ててドアを閉めたので、その顔立ちや表情は、うまく見て取ることができなかった。

マリアさんの視力、夏の湿気のせいもあるだろうが、なぜか記憶に残らない顔だったのだ。

「ガチじゃん。この家知られてんじゃん。どうすんのよ、もう～」

涙声をあげたマリアさんだったが、結論からいうと、その日から二度と「赤い女」を見かけることはなかった。

なぜ状況が一変したか不明だが、彼氏がマリアさん宅に来る際にも、後をつけられることはなくなったのだという。しかし彼氏自身への尾行がぱったり止んだかどうかは分からない。一度だけその話題に触れてみたところ、

「見てない」

と、ぞんざいな一言を返されただけだった。

もしかしたら彼氏と赤い女の間で、なんらかの話し合いが行われたのかもしれない。それもこれも高校卒業とともに彼氏と別れたので、事情はいっさい不明なのだが。

「まあ、あいつと女との間でなにがあろうと私には教えてこないと思いますよ。なにしろあの彼氏、『マジで頭おかしい人』だったんで」

東中野駅

東中野の青い女

もう三十年も前になりますから、色々なことを語っても差し支えないでしょう。

東中野の駅に隣接するかたちで、少し大きな病院があったんですよ。とっくの昔に潰れて、建物も残ってないですけどね。

そこ、皇室御用達の病院だなんて噂もありました。東中野駅のホームから秘密の入り口が通じていて、皇室の人たちが誰にも見られず行き来できるとかなんとか。

とにかくその病院、高い塀にぐるりと囲まれて、敷地内はジャングルみたいに樹々が生い茂っていたんですよ。完全にほったらかしの原生林みたいなのが東中野駅のすぐ隣にあって、それはそれは妙な光景でしたねえ。

で、たまにそのジャングルが手入れされた時が大変なんですよ。生息している巨大な虫たちが、すぐ近所にある私の店に逃げてきちゃうんです。

開店しようとシャッター開けたら、毛のはえた巨大なクモとか、手のひら二つ分くらいの大きさの白い蛾が、壁にとまってるんです。なにかの作り物かと思うけど、生きてるんですよ、それ。

で、洗い場に行ったらシンクの中にこれまた巨大なムカデが這いまわっていて。東京だと練馬あたりじゃないとムカデなんて出ないじゃないですか。しかも練馬のムカデとは全然大きさが違う。もう怪物です。

当時は、そんなやつらと必死に格闘してましたね。いや、でも、まあ、他の色んな出来事に比べたら、大きい虫なんて可愛いもんですけど……。

そもそも建物自体が変なビルだったんですよ。まずは僕の体験じゃなくて、そこから話しておきましょうか。

僕が居酒屋を始めたのは、そのビルの一階のテナント。で、僕が入る前は、スナックだったり日本語学校だったりしたんですけど。

それら二つのテナントで、連続して殺人事件が起きてるんですよね。

まず中国人向けの日本語学校だった時、二人の留学生がリンチに遭って殺されている。殺害現場が学校だったかどうかは不明ですけど、とにかく死体はそのビルの地下に埋められちゃった。

後になって、僕がお店をやるテナントの真下ですよ。

もう一つはスナック時代。ある日、客同士の喧嘩がエスカレートして、殴り合いになってしまった。それを止めようと、お店の女の子が割って入ったんですが。そこで運悪く、客が振り下ろしたビール瓶が頭に激突しちゃって。頭蓋骨が割れて死んでしまったそうなんです。

で、化けて出るのはこっちの女の子の方なんだ。

僕は見たことないですよ。でもうちの店のアルバイトたちや、お客さんたちはよく目撃してた。夜だろうとランチタイムだろうと、関係なかったみたい。

夜営業と違ってランチ時には、お客さんが短時間で入れかわり立ちかわり、ガヤガヤと混雑している訳です。

そんな中、お客さんが用を足そうとする。するとトイレの外開きのドアが、こちら側に少しだけ開いていたりする。

それなら誰も入ってないと思うじゃないですか。気軽に扉を開けようとすると、「ぐいっ」と中から引く力がかかって、そのまま「ばたん」と閉められてしまう。その時に「ちらり」と、個室内に女性が入っているのが見える。

「あっ、失礼しました」と言ってドア前で待つんですが、いくら経っても誰も出てこない。これはおかしいな、どうなってるんだろう。心配になってフロアの女の子に事の次第を伝えて開けてもらうと……。

トイレの中は、もぬけの殻なんだそうです。

昼営業でも夜営業でも、全く関連のない会社の、いっさい面識のないお客さんたちが、口を揃えて同じことを訴えてくるんですよ。

しかも皆さん、同じ女を見てるんですね。トイレが閉まる直前、ちらりと見えたその女。ワンレングスのストレートヘア、ぴちっとした青いハイネックのセーターを着ている子だった。口を揃えて、そう言ってくるんです。

いやいや、それがスナック時代に亡くなった子かどうか、正確には分かりませんよ。その子が死んだ時、同じ格好してたのかどうか、僕は確認取っていませんし。

ただまあ、スナックの女性っぽい恰好ではありますよね。

とにかく大勢のお客さん、あとたまにアルバイトの子たちが、同じ行動を取った後に同じことを証言してきたのは確かです。

少し開いたトイレのドアを開けようとしたら、「ぐいっ」と中から閉められる。「すいません」と待つけど、ずっと人が出てこない。確認すると誰も入っていない。

そして「ちらり」と見えたのは、青いハイネック・セーターの女の子だったという……。

まあこれは余談です。
そろそろ本題の方、私の体験談について語りましょう。

東中野駅

東中野のイタズラ電話

竹中さんはランチタイムの最後の客を見送った後、ゆっくり時間をかけ、私に体験談を語ってくれた。

それは三十年前、彼が東中野駅前で居酒屋を営んでいた時代の話だった。

ちなみに私が取材させてもらった場所は、阿佐ヶ谷にある竹中さんの洋食屋だ。料理人である竹中さんは、まず若い頃に池袋の有名飲食店で修業。独立して東中野に居酒屋をオープンした。「色々あって」その店が潰れた後、しばらく清掃事務所のゴミ収集作業員の職に就く。そしてまた飲食業にカムバックし、現在の阿佐ヶ谷の店を営んでいるという次第だ。

ずっと昔に構えていた東中野の居酒屋は、駅近くのビル一階にあったのだという。

「その店の開店についてきてくれた比嘉くんという男の子がいて。そいつは沖縄出身で霊感が強かったんですね。だからなのか最初から、『この場所はおかしい』ってさんざん注意してきました」

竹中さんの店のオープン直前まで、そのビル一階では店主が中国人の中華料理屋が営業中だった。閉店後の物件をそのまま居抜きで引き継ぐかたちだったからだ。テナント契約の締結後、ひとまず挨拶だけはしておこうと、竹中さんがその店を訪れたところ、

「なんのこと？　うちが潰れるなんて変なデマ流すのやめてよ！」

なぜか知らないが、中国人店主にそう怒られてしまった。しかしこちらは不動産会社に案内されて契約も交わしているし、手付金も支払っている。この店がすぐに閉店するのは間違いないはずだ。

たぶん商売が上手くいかなくて、おかしくなってしまったんだろうな……。

そう考えた竹中さんは、店主を刺激しないように大人しく引き下がった。

案の定、それから間をおかずして中華料理屋が退去し、ビル一階は空きテナントとなる。

「その時までは私も大して気にしていなかったんですが……」

オープン前に店内の様子を見ておこうと、竹中さんと比嘉くんがシャッターを開けたところ。

「ものすごい空気の圧力が迫ってきて、後ろに倒れそうになったんです」

思わず前に出した両手のひらがなにかに遮られる。まるで「見えない壁」を触っているようだった。ようやくその風圧が収まったところで、恐る恐る中に入ってみた。すると店内の方は逆に、ひどく空気が薄いように感じられた。

「数日間ずっと閉め切られた密室だったから、気圧が変になってるんだろうな」

とても科学的な理屈ではないと自覚していたが、比嘉くんの手前、そう無理やり解釈するしかなかった。

「いや、竹中さん……」

しかし比嘉くんの方は、思わず素直な本音が漏れてしまったようだ。

「……正直、俺、ここ、ちょっと怖いです」


社員二名に日替わりのアルバイト数名。二十七坪の広さで、無理をすれば四十人ほどの客が入る。そんな居酒屋としてスタートした竹中さんの店だったが。

「最初からもうトラブル続きでしたねえ。それもこう、人なのか霊なのかよく分からないトラブルというか」

まず開店当初に起きたのが、謎の人形騒動だ。

朝、開店準備のために出向くと、店の軒先に数体もの「コックさん人形」が吊るしてあった。どれも腕や首がちぎれたり、服が刃物で引き裂かれたりといったものばかりで、どす黒い恨みと憎しみを感じさせられた。

「これ、沖縄で流通しているキャラクター人形ですね……」

沖縄出身の比嘉くんは人形自体に見覚えがあったようだ。とはいえ、もちろん当の犯人についてはいっさい見当もつかない。

その後も、やはり開店前の店先に大量の生ごみや糞尿のついたオムツがぶちまけられたりといった嫌がらせが相次ぐ。深夜から明け方に行われる犯行なのだろうが、当時は防犯カメラも無かったので犯人特定がままならなかった。

「仕方ないので、閉店後に物陰に隠れて張り込みしてみたんですよ。そしたらゴミをぶちまけようとしている奴が現れたのでとっ捕まえてやったら、それがなんと」

犯人は、自分がテナントを受け継いだ中華料理屋の店主だった。

いったいなぜこんなイタズラをしたか詰問してみると。

「自分は訳も分からず店を潰されて、無理やり追い出された、そのせいで家族が離散してしまった、全部お前らのせいだ……と主張してきたんです」

全くもって寝耳に水だ。これもまた店主の妄想だと、当時の竹中さんは捉えた。

しかし結論から言えば、中国人店主の主張は事実だった。

この八年後、竹中さんの店もまた、謎の妨害により閉店する憂き目に陥(おちい)ったからだ。

何者かによって、店に火をつけられたのである。

「十二月の終わり頃、パーティー準備のために買い出しに行って帰ってきたら、うちの店の周りを消防車が数台も囲んでいたんですよ」

店の中でボヤが起きていた。電子レンジの上に発火性の液体がまかれ、黒煙を出していたのだ。火はそれほど燃え盛らず、他への延焼を免れたのが不幸中の幸いだった。

しかしシャッターは消防隊のエンジンカッターによって斬り破られ、店内は消火剤まみれにされ、家電も調理器具も全て使い物にならなくなっていた。

茫然とする竹中さんだったが、その場で警察に腕を掴まれ、ほぼ連行に近いかたちで事情聴取を受けることとなる。自作自演の放火、年の暮れに多い保険金詐欺だと疑われたのである。

もちろんその疑惑はすぐに晴れた。そもそも竹中さん自身にはアリバイがあったし、共犯者に放火させる意味もなかった。店舗保険の契約が切れており、通常の火災保険でカバーできる金額はたった六十万円。客観的に見て被害額の方がはるかに大きく、自分で火災を起こすメリットは皆無だったのだ。

「でも真犯人が捕まるでもなし。僕はその火事で全てを失ってしまったんです」

責任を取るかたちでテナントを追放された。居酒屋は倒産し、スタッフや関係者も離れ離れとなった。失意に打ちひしがれ、閉店後の片付けもままならないでいたある日。

竹中さんが焼け残った機材の整理作業をしていたところ、見知らぬ若夫婦がいきなり店内に入ってきた。

「すいません。うち、もう店閉めちゃって、やってないんですよ」

客かと思って頭を下げる竹中さんに、夫婦はきょとんとした顔でこう返してきた。

「私たち、二月からここでラーメン屋をやることになってるんですけど、あなたこそ誰ですか……?」

この件については他にも様々な出来事が絡んでくるのだが、このあたりで止めておいた方がよいだろう。


まだ竹中さんの居酒屋が営業していた時代に、話を戻そう。

その店では食品の仕入れを、練馬の総合卸売商社「X物産」と取引していた。電話注文を十八時までに行えば、六人いる受付女性の誰かがそれを承り、翌日配達してくれる。

「ただ店が忙しくなると、十八時までに注文するのが無理になってきたんですね」

どうしても夜遅い時間にX物産へと電話をかけることとなる。社員はもう退社しているので、注文を受け付けてくれるのは留守番電話だ。

「明日の注文お願いします。デミグラスソース缶が二個、パン粉が五キログラム、あとブラックタイガーのブロックを一枚……」

事前に注文票にメモしておいた品目を読み上げ、先方の留守録メッセージに吹き込む。そうしておけば先方が翌日に対応し、注文品を配送してくれる。

「そのシステムでつつがなく稼働してたんですけど……あれは、いつからだったろうかなあ……」

この電話にまつわる、奇妙な現象が起こるようになった。

クローズ作業も終わり、スタッフが全員帰った後のこと。竹中さん一人が残ったキッチンにて、電話のベルが鳴り響いた。親機は事務所に設置しているので、キッチンに置いてあるのは子機の方だ。

「なんだよ、こんな時間に」とボヤきながらコードレスの受話器を手に取ってみると。

〈……X物産、練馬支店です。本日、ご注文された品の確認をいたします〉

女性の声が響いてきた。

「え？　X物産さん？　なんでこの時間に？」

そう訊ねる竹中さんを無視して、女の声は用件を伝え続ける。

〈トマトケチャップ缶が一つ、小麦粉が五キログラム、パン粉が三キログラム、冷凍アサリが……〉

確かに、自分が二時間ほど前にX物産の留守録に吹き込んだ注文内容である。しかしこれまで確認の返信などあったためしがない。それも当然で、深夜二時過ぎの商社に社員が残っているはずないのだが。

「ちょっと誰？　須藤さん？　丸山ちゃん？」

六人の受付女性は全員面識があるので、そう問いかけてみるのだが、相手の反応は皆無。

ただ淡々と注文内容が読み上げられた末に、

〈以上です。それでは失礼いたします〉

そう言い残し、ブツリと通話を切ってきたのである。

……でも今の声、僕が知ってるX物産の子たちの声じゃなかったよな……。

それだけでなく、どうも機械のような、人間味のない声色だったようにも聞こえた。

……機械の自動音声で注文確認するような新サービスってこと……？

しかしそのようなサービスは二〇二〇年代の現在でも難しいだろう。ましてやインターネットすら普及していない三十年前のテクノロジーで、とても可能だとは思えない。

謎の返信はこの後もずっと続いた。X物産への注文は三日に一度ほどの頻度で発生する。

留守録にメッセージを吹き込むと、必ず閉店後の深夜、竹中さんが一人になった頃合いを見計らったように、電話がかけなおされてくる。

〈X物産、練馬支店です。本日、ご注文された品の確認をいたします……〉

いつも同じ、機械のような、そうでないような女性の声が、注文内容を正確にリピートしてくる。

　こちらがどんなに声をかけようと、相手は絶対に無視して確認を続ける。また通話終了後すぐにX物産へかけなおしても、ただ留守番電話に繋がるのみ。

「ねえ、そっちの会社で変なサービス始めてない？　夜中に機械の声で注文確認してくるやつ」

　ある日、X物産の受付女性の一人が店に来たことがあった。これ幸いと、竹中さんが最近の怪電話について質問してみたところ。

「え？　そんなこと、うちの会社でいっさいしてないよ。イタズラ電話じゃないの？」

　半分予想していた答えではあったが、やはりキッパリ否定されるのも気味が悪い。

「イタズラ電話じゃないよ。だってその日の注文を正確に復唱してくるんだよ。X物産の人でなければ無理じゃない」

　なにそれ意味分からない……と女性は眉をしかめて。

「そんなこと、うちの社員でも無理だよ。だって毎朝の出社時に確認してるけど、絶対いつも留守録は未再生のままなんだから」

　確かに、留守番電話の表示ランプは未再生時には点灯か点滅かしており、一度でも再生すれば灯りが消えてしまうはずだ。

ではいったい誰がどうやって、未再生のままのメッセージを聞いているというのか？

そしていったいなぜ、深夜にこちらへ確認をとってくるのか？

「いやいや、そもそもそんな怪電話なんてかかってきてないんですよ」

そう忠告してきたのは、比嘉くんはじめスタッフ一同たちだった。

「竹中さん、真面目だから注文が間違ってないか気にし過ぎてるんですよ。あとちょっと働き過ぎなんですよ。だからそんな幻聴が聞こえちゃうんですよ」

竹中さんは思わずムキになって反論しようとしたが、すぐに心を落ち着かせて。

「まあそうだな～。最近、俺も疲れちゃってるからなあ」

ひとまず笑い話で済ませることにした。

……そうだよ幻覚なんだよ。もう、そういうことでいいじゃないか……別にムキになんてならず、俺だけがそう思っていれば、全て丸く収まるんだから……。


しかしまた程なくして、例の電話がかかってくる。

〈……X物産練馬支店です。本日ご注文された品を確認します。トマト缶が三つ……〉

最初はウンザリした顔で聞き流していた竹中さんだったが、すぐにあることに気づいた。

……おい、ちょっと待てよ……。

「今日はまだ注文してないぞ！」

大声で叫んだが、相手は構わず品目を読み上げる。

〈ブラックタイガーが一枚、ブロッコリーが一袋……〉

それはまだ留守録に入れていない注文だった。しかしまた同時に、正確に合っている注文確認でもあった。

竹中さんは子機を握りしめたまま、キッチンの冷蔵庫へと視線を投げた。その扉にはマグネットで注文票が貼られている。これからX物産に依頼しようとしていた品目がずらりと書いてある、しかしまだ誰にも伝えていないはずの注文票が。

〈マッシュルーム一袋、二リットル炭酸水一箱……以上です〉

一つのミスもなく、女は注文票そのままを復唱し終えた。いつもならここで一方的に通話が切断されてしまうので、

「待て待て！　ちょっと待て！」

竹中さんは悲鳴のような声をあげた。

「電話してないぞ！　まだ電話してないのに、なんで分かった！」

沈黙が流れた。通話が切られたかと思ったがそうではなかった。薄い息づかいが微かに

聞こえてくる。繋がったままの受話口の向こうで、女が黙りこくっているのだ。

〈……だって〉

と、そこで初めて、女が注文確認以外の言葉を口にした。

〈だって、そこに書いてあるから〉

ギクリとした。自分が今まさに注文票を凝視していること。それが分かっているかのような口ぶりだった。

「……なにそれ、どこから電話かけてきてるの」

〈リサです〉

ふいに女が、聞き覚えのない名前を告げる。

「リサ？　誰？　知らないよ」

〈リサです、お久しぶりです〉

「いや、本当に知らないんだって！　とにかく、あんた、どこから電話かけてんのよ！」

すると、ほんの少しだけ機械らしさを失った声で、相手はこう答えた。

〈親機からかけてます〉

思わず小さな叫び声が洩れ、とっさにこちらから通話を切ってしまった。

数秒後、考えるより先に足が動いた。キッチン奥の事務所へと駆けつけ、思いきりそのドアを開け放ってみると。

デスクには、いつもどおり電話の親機が置かれていた。

そしてこれまたいつもどおり、その受話器はしっかりとフックに収まっていたのである。


翌日、竹中さんは荻窪のＮＴＴビルに通話履歴の確認に出向いた。

例の電話がかかってきた、全ての日と時刻を参照してもらったところ。

「確かにぜんぶ、うちの番号からうちの番号にかかってきていたんですよ」

その書類を見たＮＴＴ局員は一瞬だけ顔色を変えたが、

「あ～、これおかしいですね。こちらのミスですね」

と言って奥に引っ込んだ後、しばらくしてから戻ってきて、

「どうもすいません、あの間違った通話については電話代を請求しませんので」

そう無表情に言い放ったのである。

「いや、そんなこと聞いてるんじゃなくて、これおかしいでしょ。どうやったら同じ電話から同じ電話にかけられるのよ」

「新しい書類を発行しなおしましたから、こちらでよろしくお願いします」

局員は質問を無視し、例の電話履歴が全て削除された書類だけを、こちらに渡してきたのである。

「それをキッカケにして、真夜中の電話は二度とかかってこなくなりました。でもその代わりというか……僕の方がハッと思い出したんですよ」

あの女の声。

リサという名前。

これまでは機械がマニュアルを読み上げるような声色だったから気づかなかったけれど。

あの声、あの滑舌、あのイントネーションや微妙な口ぶりには、確かに聞き覚えがある。

そうだ、間違いない。

あれはリサちゃんの声じゃないか。

阿佐ヶ谷駅

阿佐ヶ谷のクリプトン球

「リサちゃんっていうのは、僕が池袋の有名店で修行してた時、知り合いだった女の子ですね。当時の僕は二十七歳で、彼女はちょうど十七歳の高校生です」

リサはその店に、冬休みだけの短期バイトで入った。竹中さんが彼女の担当を受け持つことになり、付きっきりで指導したそうだ。

「多感な年齢ですから、仕事を教える相手を意識してしまったんでしょうね。『眼鏡の男の人が好き』とかなんとか、僕になつくようになっちゃって」

リサはバイトを辞めた後も、夜遅くに店に食事に来ては、そのまま閉店時間まで居座るという行動を繰り返していた。もちろん竹中さん目当てである。

「スタッフからは『家まで送ってってやれよ』なんて茶化されたんですけど、僕はもうその時には結婚して娘もいましたから、ずっと逃げ回っている状況でした」

しかしある冬の日のこと。その夜は都心にも珍しく大雪が降り、交通麻痺も懸念されていた。しかしそんな時でも、リサは竹中さんのいる店を訪ねてきたのだった。

しかもコートなどの上着を羽織っていないので、体が凍えきっている。顔を真っ赤にして震えているところを見ると、すでに風邪をひいてしまったようだ。

「これはさすがに一人で帰す訳にいかないだろう、と店長からも言われまして」

履歴書に書いていた自宅電話番号から、母親へ「これから自分がリサさんを家まで送り届けます」と連絡。西武池袋線で練馬駅まで同行し、またそこで母親に「駅から家まで付き添います」との電話をかける。そして二人は雪の夜道をとぼとぼ歩いたのだが。

「リサちゃん、もうこういうこと止めてよね。だいたいなんでこんな雪の日にコートも着てないのよ」

「学校指定のダサいコートしかないから。それ以外のを着ると没収されちゃうんだよね」

リサは鼻をすすりながら、震える声でそう言った。暖かい電車から外に出たため、また体が凍えだしたようだ。

仕方ないので竹中さんが自分の革ジャンを着せると「やった！　すごい！」と大げさに喜びだした。また自動販売機でホット缶コーヒーを買って、「リサちゃんはなに飲む？」と聞くと、「それがいい」と竹中さんの手から飲みかけの缶を奪った。

その夜の東京は記録的な大雪で、まだ降りやむ気配を見せない。しかも、リサの誘導でもう三十分以上も歩いているのだが、いっこうに彼女の自宅へ到着しないのだ。

「……これさあ、町内をぐるぐる回ってるだけでしょ。ぜんぜん家の方向と違うんじゃないの」

そんなこちらの質問を、リサはいっこう気にする様子もなく。

「竹中さん、今日は私の特別な日なんだ」

と言って立ち止まった。そこはちょうど高台になっており、真下に小学校か中学校が見下ろせた。深夜の住宅街なのに、雪の積もったグラウンドが煌々と白く輝いていたのを覚えている。

「今日、私の誕生日なんだよね」

「え、本当に？　僕も今日が誕生日なんだけど」

思わず口走った瞬間、自分の失敗に気づいたが、時すでに遅し。

「うわあ、すごい！　竹中さんと私、血液型も同じB型でしょ？　誕生日まで一緒だなんて、どうしよう？　これ、すごすぎるよ！」

すっかり舞い上がったリサをなんとか宥めて、家に帰らせるまで大変な苦労を要した。

「その時にお母さんからも、勝手に店に行かないようキツく叱ってもらったんですが……」

数日後、店に乗り込んできたのは母親の方だった。

「これ、いったいどういうことですか!?」

なぜかものすごい剣幕で竹中さんに詰め寄ってくる。その手に振りかざしていたのは、リサの日記帳だった。

「彼女の日記の中に、今日は僕とラブホテルに行ってエッチをしたとか、今日は僕のモノをしゃぶってなんとかかんとか……そんなことばかりがズラッと書いてあったんです」

激高するリサの母親を、いやいや冷静になってください……と宥める。修行中の竹中さんには月一度しか休みがなく、ずっと店で仕事している。そのアリバイは他のスタッフが証明できる。日記に記された日時と照らし合わせれば、全て矛盾してるはずですよ、と。

その説明には、母親もすぐ納得してくれた。また、リサの状態がかなり危ういので、今後は二人で連絡し合って様子を見るようにしましょう、とも約束しておいた。

それからすぐのことである。

竹中さんは当時住んでいたアパートの部屋でタバコを喫っていた。妻に気を使い、台所の換気扇の下に陣取り、かつすぐそばの小窓を開けていた。内廊下に面しているので、泥棒除けの格子が入っているタイプの窓だ。

回転する換気扇の方へ煙を吐き出していると、ふいに窓の外を人影が横切っていくのが見えた。ここはいちばん奥の部屋なので、他室への訪問者はありえない。

……また新聞の勧誘か……。

竹中さんは舌打ちした。このところ押し売りまがいの新規購読勧誘が多発しており、さすがにウンザリしていたところだった。

……ちょっと脅かしてやれば、もう来なくなるだろう……。

そう考えた竹中さんは、静かに玄関へと近づき、ドアノブに手をかけた。呼び鈴が押された瞬間に勢いよく扉を開けることで、相手を驚かせてやろうとしたのだ。

だが、しばらく待っていたのに呼び鈴もノックもされる気配がない。なにをやっているのかと玄関を開けて左右を窺ったが、無人の内廊下が延びているだけ。

……おかしいなあ……。

ここは最奥なので通り抜けられないし、聞き耳をたてていたのだから足音がすれば分かるはず。釈然としないながらも台所に戻り、また新しいタバコに火をつけ、ふうっと一息喫い、なにげなく窓に目を向けると。

リサの顔がすぐそこにあった。

「うわっ！」

廊下側から格子窓に顔を張りつけ、こちらを覗き込んでいる。

「お前、なにやってんだ！」

玄関の外に飛び出すと、廊下の向こうへと走り去っていくリサの背中が見えた。

室内に取って返した竹中さんは、急いで彼女の実家へ電話をかけたのだが。

「いえいえ竹中さん、それは見間違いですよ！」

説明を受けた母親は、素っ頓狂な声でそう言った。

「リサは、うちで寝てますから。ええ、私が今、ベッドで寝ているあの子を見ながら電話しているので間違いないですよ」

母親が嘘をつく意味もないし、事実を述べているだろうとは口調からも判断できた。

「……いわゆる生霊ってやつですかね。それをキッカケにして、うちの部屋のあちこちに、彼女の人影が映るようになっちゃって」

リサの姿はいつも、なにかに映り込んで現れた。風呂場のくもった鏡に制服姿の彼女が映ったり、夜の窓ガラスに室内を横切っていく姿が反射したり。

「妻も、同じものを何度も目撃しているんですよ。いちばん酷かった時なんかは……」

竹中さんがソファに座って晩酌をしているうち、妙なものが目に入った。すぐ前方にある電源の切れたブラウン管テレビ、その黒くツルツルとした画面に、背後の和室が映り込んでいる。

襖（ふすま）が開けてあるので、妻と小さな娘が同じ布団で寝ている姿が、一部だけ見切れている。

だがそれより、もっとハッキリしているものが一つ。

妻と娘の布団の上に仁王立ちになっている、リサだ。

「えっ」と後ろを振り返ったが、肉眼で見る和室にはなんの異変もない。しかしまたテレビ画面を見直せば、やはり布団の上でリサが頭をうつむかせ、妻と娘をじっと見下ろしている。思わず凝視しているうち、リサはその頭をもたげ、自分と目を合わせようと――。

とっさにリモコンを手に取り、テレビの電源を点けた。ふざけた深夜バラエティが画面に映り、リサの姿をかき消した。

「これはさすがにまずい、と思いまして」

月に一度の休日に、竹中さんはリサを呼び出した。そのままホテルへ連れ込み、部屋に入ったとたんに服を脱いだのだという。

ただしこれは狂言であって、妻にもリサの母親にも事前に知らせていたことだった。

「おじさんの汚い体と、男のどぎつい部分を見せれば、さすがにビビるだろうと思ったんですね」

案の定リサがひるんだところで、「二度と会う気はない」と通告。するとリサはヒステリックに「もう死ぬしかないっ」などと喚(わめ)きたて暴れだした。そこで、これまた事前に協力を依頼していたホテルスタッフに外へと連れ出してもらったのだ。

これを境に、リサの生霊は姿を現さなくなった。母親に確認しても、娘の様子はすっかり落ち着いたようだと喜んでいた。

「……それから十年以上経っていたので、すっかり忘れていたんですが」

深夜にかかってきた注文確認の電話。本人も名乗った通り、あれがリサの声だったのは間違いない。

「すごく怖かったですからね、必死に理由をこじつけましたよ」

X物産もリサの実家も、ともに練馬にある。またリサの父親の稼業は段ボール工場だった。主に食品用の段ボール箱を取り扱っていた関係で、自分が修行していた池袋の店とも繋がっていた。だからリサもあの店に短期アルバイトに来た、という流れだったのだ。

となると、リサの家の工場が、同じ地元のX物産と取引している可能性は高い。そのコネでリサはX物産練馬店に自由に出入りできるのでは……。

もちろん妄想に近いアイデアだ。またたとえこの推測が合っていたとしても、電話にまつわる数々の怪現象の説明にはなっていない。

そしてこの件については、これ以上の深堀りが不可能となってしまった。程なくして件の火事騒ぎが起こり、竹中さんの店が倒産したからである。

以降、竹中さんはしばらくゴミ収集作業員として働き続けることとなる。

「借金も返さなくてはいけなかったので、色んな清掃事務所を掛け持ちさせてもらったんです。まあ最終的には石神井(しゃくじい)清掃事務所に正式に落ち着きました」

練馬区の西側が管轄なので、清掃車両がX物産の前を通りがかったりもする。

「ああ懐かしいなあ……と最初のうちは眺めていたんですが」

その日、初めて通るルートを担当することになった。車を走らせるうち、がらんとした空き地のような場所を横切っていく。

そこで、運転席に座っている先輩職員が、なにげなくこう漏らした。

「ここなあ、前は段ボール工場があったんだけど、火事で焼けちゃったんだよなあ」

聞き逃せない一言だった。どういうことですか、と質問すると。

「昔の話だからねえ。出火原因もなんだったか聞いてないけど、とにかく全焼。あ、そういえば、どうしてそこにいたのか知らないけど」

――工場主の奥さんと娘さんが、焼け死んじゃったんだよなあ。

背筋が寒くなった。リサの実家と住所は違うが、それほど遠いエリアではない。

「とにかく練馬区役所へ行って記録を閲覧したんです。すると、その住所で死者を出した工場火災は実際にありました。ただ死亡者の個人情報までは教えてくれなかったので、本人たちかどうかは不明なんですが……」

それ以上はとても調べる気にならなかったという。

「……まあ、東中野の店については、他にも色々な体験をしているんですけど。この件に関してはこんなもんですかね」

竹中さんの話が一段落した。阿佐ヶ谷の洋食屋のカウンターごしに、ずいぶん長時間にわたる取材をさせてもらった。

「もちろん偶然をこじつけてるだけかもしれません」

竹中さんは、そう釘を刺してきた。

「でもタイミングとしてはほぼ同じなんですよね。工場の火災と、リサちゃんからのおかしな電話と、私の店が放火にあったことと……あ、そうだ。それで言うんだったら」

あれを見せなきゃ、と竹中さんはカウンターを出て、店の入り口まで歩いていった。そこでなにやら小さく丸い物を手に取り、またこちらに戻ってくると。

「ほら、これ。今朝いきなりこうなったんですよ。昨日、吉田さんから取材依頼が来て、今日は久しぶりにこの話を人に語ることになるなあ……と思っていたら」

朝方の店内で、突然大きな破裂音がした。と同時に閃光が輝き、少し遅れて煙が一筋たちのぼった。どうやら、正面口を入ってすぐのところに吊るした照明装置がショートしてしまったようだ。しかし配線はきちんとしているし、埃の溜まる部分ではない。なぜショートしたかの原因はいっさい不明である。

「近くに可燃性のものがあったら、危うく火事になっていたかもしれませんね」

そう言ってこちらに差し出したのは、クリプトン球の照明だった。

「で、これがどうしてこうなったか分からないんですけど」

竹中さんが電球をひっくり返し、こちらにソケットを向けた。

見れば、本来ならねじ型であるはずの口金部分が、異様なかたちに変形している。

その金属部分は、まるで恐ろしく強い炎で焼かれたかのように、歪(ゆが)んで、ひしゃげて、焦げついていたのだった。

中央線怪談

2023年7月6日　初版第1刷発行
2024年4月25日　初版第3刷発行

著者……………………………………………………………………………… 吉田悠軌
デザイン・DTP ………………………………………………………………… 延澤 武
企画・編集 ……………………………………………………………… Studio DARA

発行所…………………………………………………………………… 株式会社 竹書房
〒102-0075　東京都千代田区三番町８－１　三番町東急ビル６F
email：info@takeshobo.co.jp
https：//www.takeshobo.co.jp
印刷所…………………………………………………………… 中央精版印刷株式会社